1~2年级，
陪孩子走过
入学关键期

蔡嘉伦 ⊙ 著

中国纺织出版社有限公司

内容提要

从幼儿园到小学，孩子经历了人生中的第一次择校，同时也经历了人生中的第一个重大转折。他们要学会适应幼升小，也要激励自己在漫长的人生道路上，坚持学习，坚持成长。

本书以幼儿园与小学的不同作为出发点，结合孩子在1~2年级出现的各种不适应现象，告诉父母怎样做才能帮助孩子顺利过渡，怎样做才能激励孩子对学习充满信心，怎样做才能陪伴孩子不断成长，持续进步。

图书在版编目（CIP）数据

1~2年级，陪孩子走过入学关键期／蔡嘉伦著. --北京：中国纺织出版社有限公司，2020.1（2020.12重印）
ISBN 978-7-5180-6846-3

Ⅰ.①1… Ⅱ.①蔡… Ⅲ.①小学生—家庭教育 Ⅳ.①G782

中国版本图书馆CIP数据核字（2019）第229707号

责任编辑：李 杨　　特约编辑：王佳新　　责任印制：储志伟

中国纺织出版社有限公司出版发行
地址：北京市朝阳区百子湾东里A407号楼　邮政编码：100124
销售电话：010-67004422　传真：010-87155801
http://www.c-textilep.com
中国纺织出版社天猫旗舰店
官方微博 http://weibo.com/2119887771
天津千鹤文化传播有限公司印刷 各地新华书店经销
2020年1月第1版　2020年12月第2次印刷
开本：700×1000　1/16　印张：13
字数：121千字　定价：39.80元

凡购本书，如有缺页、倒页、脱页问题，由本社图书营销中心负责调换

推荐序

初读这本书时,脑海中浮现很多画面,并开始思考:在陪伴自己的孩子经历小学入学的这段时间,我应该怎样做。

我小时候的那个年代,改革开放刚刚开始,中国正发生着翻天覆地的变化,大批农民涌向城市,因为城市里有更多的工作机会。在乡下,孩子在读一年级之前,会先读学前班。虽然在学前班也只是学习一些基础知识,但那时候已经开始了真正的小学学习生活。

现在的生活水平虽然比我们小时候好了很多,但大城市里的工作压力比我们父辈那个年代要大得多。我们很多同龄人更没有时间像我们儿时的父母那样关心孩子的教育,或许是因为很多父母还没有意识到这个阶段的特殊性和重要性。

《1~2年级,陪孩子走过入学关键期》这本书能够让父母更多地了解到,孩子从幼儿园到小学的学习过程中,教育性质、学习的方式方法、学习环境等方面的不同之处。这一时期,孩子从幼年迈向童年,在生理和心理方面都会发生改变和成长。作为父母,也会有角色的改变,因此父母需要以身作则,帮助孩子在新的阶段,养成良好的学习习惯,提升学习兴趣,懂得遵守规则,同时帮助孩子增强自信心,鼓励创新创造。

我确信会有更多的读者能从这本书中得到启发,真正让孩子们健康快乐地成长和学习!

中国科学院深圳先进技术研究院医工所微创中心副主任　谢耀钦

前言

作为父母，你是否还清晰地记得孩子刚刚出生的时候满脸皱皱巴巴如同小猴子的样子呢？转眼之间，那个曾经襁褓中的婴儿就已经步入幼儿园。又一眨眼，孩子已经告别了幼儿园的生活，正式步入小学阶段，成为一年级的小豆包。对孩子而言，从幼儿园到小学，是他们一生之中的第一个重大转折点，从此之后，他们正式告别幼年，进入童年，也开始以更快速的成长节奏绽放。

然而，小学和幼儿园有着极大的不同，对孩子而言也充满挑战。作为孩子，他们能够顺利适应小学的学习生活吗？作为父母，我们看到孩子背起小书包早早上学校，心里也很忐忑和紧张。让你高兴的是，孩子最初入学表现非常好，每天都高高兴兴上学去，平平安安回家来。你忍不住长吁一口气，庆幸孩子顺利度过了幼升小的过渡阶段。然而，你才高兴了没几天，孩子的各种问题就接踵而来：孩子突然不想上学了；孩子撒谎说自己生病了；孩子不喜欢写作业，总是拖延；孩子与同学发生了矛盾，与老师相处得也很不愉快……看着越来越沉默内向的孩子，你很想打电话给老师问问孩子在学校里的表现，又担心老师会厌烦。好不容易鼓起勇气拨通了老师的电话，你又不知道应该如何去问。就在这样的犹豫纠结状态下，你觉得自己也快患上抑郁症了。这个时候你才恍然大悟，原来不但孩子需要适应幼升小，作为父母的你，更需要适应孩子

的幼升小。

　　对于孩子的整个系统学习而言，1~2年级学习的内容虽然很浅显，却是万丈高楼平地起的基础。在1~2年级阶段，孩子不但需要学习和掌握基础知识，而且需要形成正确的学习态度，养成良好的学习习惯，这样才能为将来进入中、高年级作好准备。作为父母，随着孩子学习的深入，你会发现，孩子上了小学，父母不是变得轻松了，而是变得更累了。虽然孩子在生活方面的自理能力越来越强，但是他们在学习方面的问题却层出不穷。这些问题绝不像一加一等于二那么简单，而是需要父母有耐心、有毅力、有恒心，才能陪伴孩子解决好的。

　　看到这里，相信很多父母都会觉得忧愁，在对教育孩子一窍不通的时候，觉得养孩子是件很容易的事情，怎么知道得越多反而越是束手束脚、步步惊心了呢？恭喜你，有这样的感觉说明你不再是教育孩子的门外汉，知道了教育的艰难和不容易。也有的父母在对孩子不够了解的时候，觉得孩子理所当然应该顺利度过幼升小的过渡期，谁让孩子的本职工作就是学习呢？也许在看完这本书之后，你就会觉得非但孩子不能顺其自然地过渡，就算是父母有理论知识作为指导，有生活经验作为参考，也不可能突然之间就把所有的事情做好。父母要认识到，教育孩子不容易，要和孩子一起成长，要与时俱进。而孩子也要认识到，成长是一门需要毕生认真对待的课程，要积极地倾听父母的意见和建议，要有的放矢地发挥人生的主动性，才能拥有更加美好的人生！

作者
2019年1月

目 录

第1章 1~2年级，是孩子小学生涯的开启 …………………… 001

    帮助孩子顺利度过"幼小衔接" …………………………… 002

    小学教育与幼儿园教育不同 ……………………………… 004

    更多地了解一年级的孩子 ………………………………… 007

    入学，父母要和孩子一起改变角色 ……………………… 011

    提早合理安排好孩子的作息生活 ………………………… 014

    遵循孩子的成长节奏 ……………………………………… 016

    父母要多多陪伴孩子 ……………………………………… 018

第2章 1~2年级，是学习好习惯养成的关键期 ……………… 021

    帮助孩子养成好习惯 ……………………………………… 022

    教会孩子如何听讲 ………………………………………… 025

    了解"唱歌"，肯定孩子 …………………………………… 027

    是否应该陪孩子写作业呢 ………………………………… 029

    写完作业必须检查 ………………………………………… 032

    及时复习，才能巩固记忆 ………………………………… 035

第3章 帮助孩子尽快适应小学节奏和校园生活 ……… 039

  幼升小,第一次择校 …………………………………… 040

  孩子为何不想去学校 …………………………………… 042

  孩子为何撒谎称病 ……………………………………… 046

  孩子,你在学校发生了什么 …………………………… 048

  家校沟通要讲究原则和技巧 …………………………… 050

  以正确的态度对待刚入学的孩子 ……………………… 053

  孩子为何怕学习 ………………………………………… 056

第4章 学会鼓励,培养一个在校园内自强自信的孩子 ……… 059

  你的孩子会考试吗 ……………………………………… 060

  如何帮助孩子缓解考试焦虑 …………………………… 062

  帮助他人,也快乐自己 ………………………………… 065

  不要让孩子误以为自己是全家的中心 ………………… 067

  父母的信任,是孩子最大的动力 ……………………… 070

第5章 消除焦虑,别让点滴难题困住孩子前进的勇气 ……… 073

  教会孩子拥有学习自信 ………………………………… 074

  教会孩子识字写字 ……………………………………… 076

  怎样从不会到会 ………………………………………… 079

  孩子需要你别出心裁的帮助 …………………………… 081

目录

有的放矢，激励孩子成长 …………………………………… 083

帮助孩子戒掉粗心的坏习惯 ……………………………… 086

第6章 行为矫正，别让小问题发展成为大缺陷 …………… 091

孩子，你要勇敢 …………………………………………… 092

引导孩子妥善处理与同学之间的矛盾 …………………… 095

让孩子怀有宽容之心 ……………………………………… 097

有主见的孩子更强大 ……………………………………… 099

父母"懒惰"，孩子才能"勤快" ………………………… 102

戒掉拖延的坏习惯 ………………………………………… 105

第7章 自控能力，促进孩子意志品质的发展 ……………… 107

做事情要有始有终 ………………………………………… 108

如何预防孩子做事半途而废 ……………………………… 110

控制好情绪 ………………………………………………… 113

帮助孩子形成自控力 ……………………………………… 115

电视可以看，但要有限度 ………………………………… 118

要有耐心，学会等待 ……………………………………… 119

第8章 鼓励创造，孩子的大脑是越用越灵活的 …………… 123

脑子要经常用才灵活 ……………………………………… 124

有灵巧的双手才会有灵活的头脑 ················· 126

勇于实践，培养创新精神 ······················ 128

给孩子机会多多动手 ·························· 131

不要否定孩子的奇思妙想 ······················ 133

认真倾听，保护孩子的创新意识 ·················· 135

第9章　帮孩子建立规则意识，越早越好 ··············· 139

爱与自由，让孩子更加自主 ···················· 140

明智的父母会给孩子制定恰当的规矩 ··············· 142

保证孩子拥有充足优质的睡眠 ··················· 146

孩子为何总是任性固执 ························ 149

第10章　融入孩子，了解孩子，不靠想象判断孩子 ········ 151

孩子上课为何总是三心二意 ···················· 152

让贪玩的孩子主动学习 ························ 155

孩子为何等到最后才写作业 ···················· 158

不以善小而不为，不以恶小而为之 ················ 160

孩子为何爱撒谎 ··························· 162

第11章　科学引导，利用"向师性"提升孩子学习兴趣 ······ 165

孩子为何会患上橡皮综合征 ···················· 166

孩子总是对老师言听计从 …………………………………… 168

发展孩子的优势智能 ……………………………………… 171

正确认知考试，端正学习态度 …………………………… 173

副科并不比主课次要 ……………………………………… 175

第12章　别光顾着教育孩子，也要做好你自己 …………… 179

父母控制好脾气，教育更有效果 ………………………… 180

过度唠叨会引起孩子的反感 ……………………………… 182

世界上没有真正的完美 …………………………………… 185

传承好家风，以良好的家庭氛围熏陶孩子 ……………… 188

不打不骂才是真的懂教育 ………………………………… 190

控制好情绪，避免对孩子发脾气 ………………………… 193

参考文献 ……………………………………………………… 196

第1章
1~2年级,是孩子小学生涯的开启

转眼之间,那个幼儿园的小朋友变成了一年级的小豆包,作为父母,都知道小学1~2年级是很重要的,也知道孩子从幼儿园进入小学需要过渡和适应的过程,那么要如何帮助孩子顺利过渡,开启小学生涯呢?

帮助孩子顺利度过"幼小衔接"

在人生的道路上,很多重要的转折点未必出现在令人瞩目的重大时刻,而是很有可能出现在不经意之中。作为父母,要对孩子人生中每一个关键时刻,每一个看似无关紧要的时刻,都给予足够的关注和重视,才能引导孩子健康成长。当然,人生中不经意的瞬间有很多,有的时候别说父母注意不到,就算是作为当事人的孩子也会无知无觉。以往,人们觉得金榜题名和洞房花烛是人生中的大事情,而实际上,决定孩子命运的时刻很多。随着教育的地位越来越高,父母越来越重视教育,很多父母都认识到孩子从幼儿园升入小学,是至关重要的转折阶段。只有顺利从幼儿园步入小学,只有让孩子适应小学阶段的生活,孩子才会有更好的学习表现,才能步入学习生活的正轨。

毋庸置疑,从幼儿园到小学,是孩子向着学校生活迈出的第一步,也是正式步入社会生活的第一步。只有顺利度过这个阶段,孩子未来的学习生活才会顺利,如果不能顺利度过这个阶段,孩子很有可能未来会对校园生活感到恐惧,心理压力增大,并导致在学习上陷入各种困境,甚至影响人生的发展。为此,作为父母,一定要想方设法引导孩子顺利度过从幼儿园到小学的衔接期,从而让孩子健康快乐地成长和学习。

思甜今年6岁半了,刚刚成为一年级的小豆包。思甜在一年级五

第1章 1~2年级，是孩子小学生涯的开启

班，班级里有40多个孩子，和在幼儿园里每个班级二十几个人相比，如今的班级人数增长了一倍。而且，小学早晨要求到校的时间提早了，思甜不能再像以前那样早晨睡到自然醒才起床去学校，迟到了老师也不会批评。开学没几天，思甜就因为迟到被老师狠狠批评了一通。思甜很伤心，提醒妈妈以后一定要早一些喊她。

一开始，因为对新学校感到新鲜，思甜对学习还不排斥，随着对学校越来越熟悉，思甜渐渐地无法忍受每节课的时间都那么长，而且回家之后还要写作业。看到思甜对学校厌倦，妈妈很发愁：这才上一年级，什么时候才是个头呢？有一次，思甜还对妈妈说："妈妈，我不想上小学，我想去幼儿园上学。幼儿园的老师好，也好玩！"妈妈只好告诉思甜："思甜，你已经长大了，6岁半了，到了该上小学的年纪。幼儿园，是3岁到6岁的小朋友上的。你不是很羡慕大姨家里的姐姐去了北京上大学吗，每个小朋友都要上小学、中学和高中，才能考上大学，知道吗？如果一直在幼儿园，将来就考不上大学了。"思甜对妈妈的话似懂非懂，但是她知道自己要继续上小学，为此表现得很不开心。

孩子在最初上幼儿园的时候觉得很不适应，因为幼儿园里的生活和家里的生活一点儿都不一样。在家里，孩子可以随心所欲地玩耍，想吃什么就吃什么，想喝什么就喝什么，而且不想睡觉就可以不睡觉。但是在幼儿园里，一切行动都要听指挥，孩子必须听从老师的统一安排，自由度大大降低。为此，孩子适应幼儿园需要一段时间。而进入小学之后，孩子又会觉得幼儿园里的生活更好，毕竟在幼儿园里以吃喝玩乐、做游戏为主，每个班级的孩子也少，可以得到老师无微不至的照顾。但

是在进入小学阶段之后，老师对孩子不会再那么细致地照顾，而是会以教授孩子知识为主，孩子一下子需要独立地与同学们相处，而且要在课堂上认真听讲，在课后认真学习和完成作业，当然会觉得有了负担，压力也会变大。

这样明显的转折和改变，孩子需要很长时间才能适应。父母要理解孩子厌倦上小学的心态，也要理解孩子的感受。不要总是强迫孩子努力认真地学习，而是要更加关注孩子的心态变化，注意帮助孩子控制好情绪，也要引导孩子发现小学学习生活的乐趣，这样孩子才能更加热爱小学生活。

小学教育与幼儿园教育不同

小学教育和幼儿园教育是截然不同的，对于孩子而言，从幼儿园到小学，需要一个过渡的阶段，这是人生的重要转折点。很多父母都很年轻，当孩子面对这么艰难的困境时，父母往往无法给予孩子合理的帮助和适度的引导。有些父母本身面对孩子幼升小就很紧张，为此看很多的专家书籍，也会向有经验的人求教，但是他们忽略了一个事实，那就是不管是专家还是其他孩子的父母，都并不了解自家孩子的情况。对于孩子而言，最熟悉和了解他们的人是父母，为此爸爸妈妈一定要从孩子的实际情况出发，引导孩子顺利度过幼升小的过渡阶段。

近些年来，父母对于孩子的教育越来越重视，为此很多父母都会在

第 1 章　1~2 年级，是孩子小学生涯的开启

孩子3岁之后，送孩子去幼儿园，帮助孩子逐步地脱离家庭教育，从而更好地融入幼儿园生活。然而，当孩子适应了幼儿园阶段的学习和生活方式，他们紧接着要面对的是升入小学。从教育系统来说，幼儿园和小学是两个不同的教育阶段，是孩子在成长过程中必然要接受和经历的教育阶段，为此父母要陪伴孩子度过。那么，小学教育和幼儿园教育到底有什么区别呢？

首先，教育性质不同。幼儿园并不属于义务教育，公办幼儿园相对收费比较合理，而很多私立幼儿园则会根据办学的资质和条件等，申请更高的收费，这是符合市场经济原理的，无可厚非，父母可以根据自身的家庭经济条件去选择是否上私立幼儿园。和幼儿园阶段的教育不同，小学教育属于义务教育，具有普及性、强制性等特点，也规定每一个父母都有义务让孩子接受小学阶段的教育，只要孩子符合入学要求，学校也是没有权利拒绝孩子入学的。为此，父母要把孩子以就近原则送到小学接受小学阶段的教育，让孩子学习知识，健康成长。

其次，学习的方式方法和氛围不同。在幼儿园里，对孩子的教育和引导主要以寓教于乐的方式进行，而且侧重点是帮助孩子形成良好的行为习惯、生活习惯和学习习惯，让孩子更有规律地生活。因此，幼儿园不以教授知识为主，而是启迪孩子的思维能力，提升孩子的自理水平，为孩子进入小学接受正规系统的教育铺垫基础。而一旦进入小学，孩子就正式成为学生，他们在学校里的主要目的是学习知识。在小学阶段，老师很少关心孩子的吃喝拉撒，因为小学生已具备自理能力，可以照顾自己，所以老师会以教授知识为主。孩子一旦进入小学就会发现，课堂

- 005 -

的时间延长，孩子要在40分钟的时间里跟着老师的节奏开展紧张的学习活动，这当然是需要已经适应幼儿园生活和学习节奏的孩子，努力去调整自己来适应的。由此也可以看出，随着教学方式、学习目的的改变，幼儿园里老师与孩子的关系，和小学里老师与孩子之间的关系截然不同。

再次，孩子在幼儿园里和在小学得到的成长不同。孩子在进入幼儿园生活一段时间之后，父母会发现孩子在生活方面更有规矩和规律，而当孩子进入小学学习一段时间之后，父母会发现孩子掌握了更多的知识，学习能力得到大幅度增强。

最后，孩子在人际关系中的地位不同。在幼儿园里，孩子虽然离开了父母的身边，但是前期依然会得到老师的照顾。尤其是对于幼儿园小班的孩子，老师会照顾孩子的吃喝拉撒，给予孩子全方位的关照。而且，老师还会帮助孩子协调彼此之间的关系，在孩子的幼儿园人际关系中，老师占据主导地位。而一旦进入小学，老师以教学为主，很少关心孩子的吃喝拉撒，对于孩子之间如何相处，老师也不会过多介入。只要孩子之间不发生大的摩擦，老师就会置身事外，任由孩子独立相处。为此在小学阶段，孩子变成了人际关系的主导者，要学会和老师、同学相处，这对于孩子也是一个很大的挑战。

总而言之，小学阶段的学习生活和幼儿园里的生活大不相同，孩子一定要作好心理准备，父母也要尽量给予孩子更多的帮助和引导，让孩子意识到这些不同，从而尽快适应小学阶段的学习和生活。当然，小学与幼儿园的不同，还需要孩子在适应的过程中去发现、去接受。每个孩

第1章　1~2年级，是孩子小学生涯的开启

子对于学校的感受都截然不同，父母要尊重孩子的感受，以孩子为本，以孩子的感受作为出发点，帮助孩子健康快乐成长。

更多地了解一年级的孩子

很多父母看似每天和孩子在一起生活，实际上，他们对于孩子并不完全了解。大多数父母只顾着照顾孩子的吃喝拉撒，而忽略了孩子的心理发育和情感需求，也不知道孩子真正在想些什么。其实，孩子在每个成长阶段都会有相对应的身心发展特点，父母要了解孩子的身心发展特点，才能从心理上走近孩子，才能从感情上安抚和满足孩子。

对于孩子而言，成为一年级的小豆包绝对是人生中的重大转折点，从此之后，他们的生理、心理状态都会发生很大的改变，而且他们的学习环境也变得截然不同。一方面，孩子们在进入小学之后，一开始会感到非常新鲜和好奇，也因为自己真的长大了，可以离开父母的照顾而独立在学校里生活一天，感到骄傲和自豪。另一方面，孩子不但离开了父母的照顾，而且小学老师也不再像幼儿园老师那样对他们无微不至，所以他们会心态坍塌，内心惶恐，孤独无助。为此，有很多人也把小学一年级称为孩子的第二个断奶期，从进入一年级开始，孩子真正踏上了独立的道路。

每个新生命从呱呱坠地开始，都会接受父母无微不至的照顾，在父母的爱和包容中渐渐地成长。对于他们来说，这样的成长至关重要。在

家庭生活里,孩子早就已经开始学习,他们学习人生的技能,也在无形中模仿父母的言行举止,为此人们才说父母是孩子的第一任老师,也是孩子最好的老师。作为孩子的照顾者、陪伴者,父母是与孩子最亲密无间的人。很多父母不但在孩子小时候精心照顾孩子,等到孩子长大了,他们也依然是孩子的知心好友、良师益友。当然,这样的完美亲子关系需要父母和孩子双方去努力,用心维护,对于父母而言,前提就是要了解孩子的身心发展特点,陪伴着孩子健康快乐成长。

首先,要了解一年级孩子的生理特点。对于孩子的成长而言,生理发育是基础,心理发育是提升,为此父母要以了解孩子的生理发育为起点,循序渐进了解孩子。通常,孩子在6周岁才能入学,一年级的孩子介于6岁到7岁之间。在一年级,男孩子大概19公斤重,身高大概115厘米,而女孩子大概18公斤重,身高大概114厘米。由此可见,男女有别首先体现在身高和体重上,女孩子的身体发育比男孩子慢些。孩子7岁前后,大脑发育相当于成人的91%,脑部重量大概是1280克。这样的脑部发育足以帮助孩子接受和完成小学教育。不过因为在此阶段孩子的脑部发育还没有完全成熟,所以他们需要充足的睡眠时间。一年级的孩子大概需要11个小时的睡眠,具体时间因人而异,只有睡眠充足,他们才能进行正常的学习活动,身体才能得到充分休息,健康成长。

在这个阶段,父母尤其需要注意的是,要让孩子保持正确的坐姿、写字姿态、运动姿态。这是因为孩子的骨骼发育不完全,骨头的质地相对比较软,如果不能保持正确的姿态,长大成人之后骨头会发生畸形变化。此外,孩子的肌肉也没有发育好,心肺功能还不够成熟,为此孩子

第1章 1~2年级，是孩子小学生涯的开启

需要避免激烈运动，写字的过程中也要注意适度休息，从而避免手部肌肉过分劳累。总而言之，在一年级阶段，孩子要注重养成学习的好习惯，也要保证充足的睡眠和适度运动，从而促进身体健康成长。

其次，要了解一年级孩子的心理发展特点。一年级正是孩子从学龄前到学龄阶段的过渡时期，为此孩子还呈现出很多学龄前的心理特点，在此基础上有所成长和改变。和学龄前一样，孩子的感知能力还是以粗略概括为主，而很少关注细节，在学习认字和写字的过程中，他们常常表现出观察力不到位的现象，导致粗心大意、张冠李戴。而且，他们的自控力相对较差，不管做什么事情，都表现出很浓郁的情绪化。例如，他们更愿意做喜欢做、感兴趣的事情，而对于不喜欢做、不感兴趣的事情，很少激励自己去努力完成。

一年级的孩子对于空间的感知能力不够，为此他们对于很多相对的概念无法准确理解，如对于前后左右、东西南北等，都无法准确区分。此外，对于用抽象的概念表现数量，他们也不能正确理解。例如，他们会把十个八个就称为很多，而不知道大量到底是什么意思，他们不知道无极限的准确含义，以为一切都是可以衡量和界定的。他们的时间观念也不明确，往往在课间10分钟玩得不亦乐乎，为此还需要预备铃提醒他们马上就要上课，否则他们不可能主动自发作好上课前的准备。

很多教过一年级的老师都会知道，上课的时候最大的困难是孩子的注意力不能长时间集中。这是因为孩子还小，通常以无意注意为主，有意识地集中注意力的能力有限。为此，在课堂上，老师必须争分夺秒抓紧课堂上前20分钟的时间给孩子讲授新知识，因为孩子的注意力很难保

- 009 -

持40分钟那么久。一旦有新鲜的事情发生,如班级里有一个孩子咳嗽,或者教室门口来了个人,孩子的注意力就会被分散。有心理学家经过研究发现,对于5岁到7岁的孩子来说,他们集中注意力的时间大概只有15分钟,而对于7岁到9岁的孩子来说,他们集中注意力的时间大概可以保持20分钟。由此可见,对于一年级的孩子来说,他们能够集中注意力20分钟,就可以保证课堂效果。当然,一年级的重要任务,也是帮助孩子学会控制自己,能够更加有效地保持注意力集中,使得有意注意得到发展。只有经过这个过渡阶段,孩子将来升入中高年级进行学习才会更加有效。

既然是学习,一定有需要记忆的内容,否则今天记住的东西明天就忘记了,学习还有什么效果呢?对于一年级孩子而言,他们依然以机械记忆为主,也就是人们常说的死记硬背。作为父母,在给孩子布置记忆作业的时候,要以孩子的记忆特点为基础和出发点,有的放矢地安排孩子的记忆任务。当然,在孩子进行机械记忆的同时,父母也要有意识地引导孩子接触和学习理解记忆,这样孩子才能渐渐地从死记硬背转化到理解记忆上,当然这也只能是引导而已,因为理解记忆需要孩子进行知识积累,也需要孩子的思维能力发展到一定阶段,才可以顺利展开。

接下来,我们就要说说孩子的想象力和思维能力。毋庸置疑,孩子的想象力是很丰富的,他们更善于进行情境性想象,而且想象一如既往地呈现出学龄前阶段天马行空的特点,目的性比较差。孩子想象的内容还常常是触景生情。例如,看到鱼儿,他们就幻想着自己也能像鱼儿一样在海底畅游;看到飞鸟,他们马上又开始幻想自己能够像鸟儿一样在

第1章 1~2年级，是孩子小学生涯的开启

天空翱翔。他们会随手拿起一片树叶当成小船，将其放入河水中随波逐流，也会看到蚂蚁在搬家，就想象着蚂蚁的帝国多么强大。不得不说，正是无穷的想象力让孩子拥有了翅膀，也使孩子在成长过程中有更好的表现。在想象力的基础上，孩子的思维也呈现出以形象思维为主的特点，他们要进行思考，就要以具体的想象作为参考，否则他们无法进行抽象思维，也导致思维能力因此而受到局限。所以父母的另一个艰巨任务，就是引导孩子从形象思维向抽象思维发展，而且父母还要引导孩子进行发散性思维训练，从而让孩子的思维能力得到更好的发展。

以上就是一年级孩子的身心发展特点，作为父母，可以以此作为参考了解孩子的共同特点，但不要生搬硬套，而是要主动从共性到个性，以自己家孩子的具体表现作为出发点，更好地了解自己家的孩子，才能够有的放矢地教育和引导孩子。毋庸置疑的是，一年级的孩子正处于身心快速发展的特殊阶段，也处于从幼儿时期到童年时期的过渡阶段，父母一定要更加全方位观察孩子，才能对孩子的了解细致入微，才能有针对性地引导和教育孩子。孩子的成长离不开父母的陪伴，父母只有用心关注和照顾孩子，才能让孩子更加健康快乐成长。

入学，父母要和孩子一起改变角色

孩子的一举一动都牵动着父母的心，为此当孩子面对从幼儿园到小学的过渡和衔接阶段时，作为父母，也要和孩子同步前进，这样才能与

时俱进陪伴孩子成长。如果孩子已经正式成为一年级的小豆包，而父母还把孩子当成幼儿去看待，就会落后于孩子的成长，也会让自己远远掉队。

如今，越来越多的父母意识到孩子幼升小的重要性，甚至有一些教育专家认为幼升小对于孩子的成长而言，比小升初、考大学都更加重要。虽然这听起来有些耸人听闻，但实际上是很有道理的。因为幼升小意味着孩子的人生角色发生了改变，而且父母从此之后对于孩子的要求、期望也会变得完全不同。为此，不管是对于父母而言，还是对于孩子而言，都要随着幼升小而转换角色，更加正确地定位自己，尤其是作为父母不但要转换自身的角色，而且要引导孩子转换角色。

不可否认的是，面对这个孩子人生中的重要转折点，不但孩子觉得难以适应，父母也会觉得面临很大的挑战。很多父母对于孩子的幼升小觉得无关紧要，甚至漠不关心，这是对孩子不负责任的态度。也有的父母对于孩子的幼升小过度重视，过分关心，从而给年幼的孩子以巨大的升学压力。上海的一位姥爷写了《牛蛙之殇》的文章，在文章里详细讲述了全家人是如何在孩子3岁之后，就开始给孩子陪读陪跑的艰难。但是，最终让父母难以接受的是，孩子虽然通过了民办学校严苛的考核标准，却因为精神过度紧张而出现了精神障碍，患上了抽动症，惨遭淘汰。这使全家人都深受打击，且不说家人陪伴孩子的辛苦付出，只说孩子从3岁到6岁期间3年多的时间里一直都在如同拧紧了发条的闹钟一样嘀嘀嗒嗒不停地走着，努力着，失去了多么宝贵的、本应无忧无虑的学前快乐时光。作为姥爷，在一怒之下就开始抨击如今的教育体制，却没有

第1章 1~2年级，是孩子小学生涯的开启

反思作为父母和长辈，是否在陪伴孩子幼升小的过程中有良好的心态和正确的态度呢？任何一个悲剧，或者人生的任何一段弯路，总不是无缘无故出现的。作为父母，要更好地引导孩子，也要在陪伴孩子成长的过程中端正心态，这样才能引导和保证孩子健康快乐地成长。

父母对于孩子的幼升小，或者没有转化角色的意识，或者一旦转化角色就转化得过于急切，从关心孩子的健康快乐，突然间意识到孩子已经成为小学生，为此把所有的关注点都集中到孩子的学习和成绩上。殊不知，对于习惯了幼儿园里悠闲生活的孩子而言，他们本身要想适应小学生活就需要付出极大的努力，更何况父母还给他们这么大的压力呢？在这种情况下，孩子一定觉得不堪重负。为此，父母要意识到帮助孩子适应小学生活的关键在于，要更加关注孩子的情绪，帮助孩子减轻入学的焦虑和紧张，帮助孩子形成良好的学习习惯。在此期间，父母尤其要注意倾听，这样才能听到孩子的心声，才能更加了解孩子。

然而，孩子毕竟成为小学生了，结束了无忧无虑、毫无压力的幼年生活，接下来他们必然要学会学习，承受各种压力。在孩子入学的第一个月，父母要尤其关注孩子的学习状态。注意，这里所说的是状态，而不是学习表现或者成绩。孩子需要适应的东西很多，学习的方式、方法，学习的目标和意义，学习的时间，包括作息时间都要进行大幅度调整。从以往回到家里就可以玩，吃好吃的，到进入小学之后回到家里就要完成作业，孩子的跨度很大。作为父母，不要一味地督促孩子做到最好，而是要给孩子一个适应的时间和过程，让孩子慢慢养成好习惯。别人家的孩子并非天生就喜欢写作业，喜欢上学，而是在过渡期得到了父

母的帮助和有效引导，逐渐形成了好习惯。在此期间，看到孩子小小的进步，父母就要认可和激励孩子，让孩子得到肯定，孩子才会更加有力量勇往直前。

当然，父母不可能面面俱到，但是要尽量做到各方面都兼顾。教育无小事，尤其是在教育孩子方面，有的时候父母稍有疏忽就会给孩子树立糟糕的榜样，使孩子非但不能进步，反而会退步。但是凡事皆有度，过度犹不及，父母要适度关心孩子，而不要对于孩子过度照顾和保护，否则就会导致孩子缺乏学习的主动性，学习表现被动。这其中的度，是需要父母好好把握的，只有在适度教育的原则下，家庭教育才能事半功倍。

提早合理安排好孩子的作息生活

很多孩子在幼儿园期间过的都是自由散漫的生活，哪怕幼儿园上学时间比较晚，父母也不会太早催促孩子起床去幼儿园，有的时候要等到孩子睡醒了，才会把孩子送去幼儿园。这是因为父母觉得幼儿园的学习任务很轻，孩子主要是以吃喝玩乐为主，为此对于孩子的幼儿园生活不那么重视。殊不知，幼儿园尽管以吃喝玩乐为主，以学习为辅，但是其实对于孩子的成长有一个重要的作用，那就是合理安排好孩子的作息生活，让孩子在家里毫无规律的生活得到规范化。偏偏很多父母忽略了幼儿园的这个重要作用，总是娇纵和宠溺着孩子。

第1章 1~2年级，是孩子小学生涯的开启

孩子在幼儿园期间入园时间相对比较晚，通常是在8点到8点半。但是一旦进入小学，每天早晨到校的时间就会提前到7点半。这样一来，孩子至少要比正常的幼儿园作息时间早起一个小时，才能保证早晨洗漱，吃好饭，再按时到达学校去上课。然而，如果孩子已经习惯了睡到8、9点钟，一下子变成6点半起床，他们当然会感到十分困倦。作为父母，如何帮助孩子适应从小学阶段开始的早睡早起呢？

首先，父母可以提前给孩子一段适应时间，循序渐进让孩子养成早睡早起的好习惯。坏习惯很容易养成，而好习惯却需要漫长的时间去规范和形成。在开学之前至少一个月，父母不要觉得孩子在放暑假，就任由孩子睡懒觉，否则开学之后孩子必然更难以适应。父母可以要求孩子7点起床，晚上也要早一些睡觉，再提前到6点半起床，从而给孩子适应的过程。需要注意的是，让孩子早点睡觉很重要，相信每一个父母都会想清楚一个道理，即喊一个睡饱了的孩子起床，远远比喊一个非常困倦的孩子起床容易得多。只有保证孩子充足的睡眠，孩子才能顺利起床。

其次，父母要为孩子做好榜样，给孩子积极的影响力。很多父母本身就很爱睡懒觉，却偏偏要求孩子早起，对于孩子而言这明显是只许州官放火，不许百姓点灯，为此会对孩子造成很大的困扰。尤其是现在的孩子非常讲究民主和平等，父母不管对孩子提出什么要求，自己首先要做到，这样才能给孩子树立正面的榜样，对孩子起到积极的引导作用。

最后，即使在周末，也要坚持好习惯。一旦到了周末，很多父母觉得孩子平日里早起上学很辛苦，为此就任由孩子睡懒觉到日上三竿，

到太阳照屁股,实际上对于孩子而言,即使偶尔一天能够睡很长时间,也不能弥补他们平日里缺觉的状态,反而会打乱他们的生物钟和作息规律,使得周一开学的时候又要适应。最重要的是保证每一天的睡眠,而不要误以为孩子只需要睡一天的懒觉,就可以把一周缺的觉都补回来。

孩子的成长是漫长的过程,一旦踏入小学的大门,也就意味着孩子接下来会上初中、高中、大学,甚至会继续深造。作为父母,要有的放矢地引导孩子形成良好的作息习惯,也要督促孩子始终坚持良好的作息习惯,这样孩子才能吃得好睡得香,才能有充足的体力去成长,才能促进自身的智力发育,让自己全面发展,茁壮强大。

遵循孩子的成长节奏

现实生活中,很多父母都嫌弃孩子动作太慢,的确,孩子不管做什么事情总没有成人那么迅速,也没有成人做得那么好,但是这并不怪孩子,而是孩子的身心发展特点决定的。孩子有自身的成长节奏,那就是慢。作为父母,既然明知道揠苗助长是不行的,就要尊重孩子的成长节奏,陪伴孩子一起慢慢长大。

曾经有一篇文章,文章的题目就叫《牵着蜗牛去散步》。在文章里,作者讲述了自己牵着蜗牛去散步,但是蜗牛走得很慢,为此作者只能催促蜗牛,甚至踢打蜗牛,好让蜗牛努力向前走得更快一些,这个时候作者突然产生了一个疑问:上帝为何让我牵着蜗牛散步呢?这岂不是

第1章 1~2年级，是孩子小学生涯的开启

太奇怪了吗？找不到上帝来询问，作者也不再着急，就这样任由蜗牛在前面慢慢地爬，他则跟在蜗牛后面缓步前行。一路上，他感受到清风，闻到花香，还听到了鸟叫虫鸣，也看到了满天星辰。不由得感慨：生活原来如此美妙！他恍然大悟，原来不是上帝让我牵着蜗牛去散步，而是上帝让蜗牛牵着我去散步。这篇文章引起了很多人的共鸣。现代社会，生活的节奏越来越快，生存的压力日益增大，很多人每天都行色匆匆，天不亮就出门，天黑了才回家，有些人每天生活在风和日丽之下，却已经很久都没有看到过太阳了。同样地，父母也会催促孩子快快长大，似乎对于孩子而言，生活就应该是一天比一天更着急。殊不知，孩子的时间观念很差，而且他们也没有人生经历，所以他们很少会抓紧时间。他们没有时间的概念，任由时间就像流水一样从他们的身边悄然流逝，他们想做的就是安静地守候着。

父母如果不了解孩子的成长节奏，就总是会抱怨孩子实在太慢了，甚至为此而催促孩子，鞭笞孩子。然而，如果父母有耐心慢下来，和孩子一起成长，和孩子一起欣赏鸟语花香，就会发现慢一点也没有什么不好，至少对于人生的理解和感悟都会更加深刻。孩子就是故事里的蜗牛，父母不是教育孩子的人，而是被孩子牵到这个世界上来磨炼心性的。

俗话说，欲速则不达，这也告诉我们很多事情不能着急，也根本急不来。一旦太过着急，就会陷入各种被动状态之中，就会变得很无奈，还会导致事与愿违。为此人们常说，有的时候快就是慢，有的时候慢才是快。现代社会中，大多数父母都处于教育焦虑状态，他们望子成龙、

望女成凤心切，恨不得让孩子马上就拥有出类拔萃的成就。为此，他们追求的就是短平快，而没有耐心去真正帮助孩子答疑解惑，更没有耐心去真正陪伴孩子缓慢成长。然而，事情总是需要循序渐进的过程，想要一步登天不可能，想要一蹴而就获得成功也是痴心妄想。养育孩子，需要有静待花开的耐心，面对一朵花骨朵儿，难道父母能够狠心强行把花瓣都打开吗？当然不行。父母一定要耐下心来，静待花开，让孩子的人生也悄然绽放！

父母要多多陪伴孩子

每一个父母把孩子带到这个世界上，都想给予孩子最好的爱和照顾，为此父母在生下孩子之后，总是更加努力地工作，目的就是给孩子提供更好的成长条件，从而避免孩子输在起跑线上。然而，尽管大多数孩子都是站在父母的肩膀上努力成长，但是也有相当一部分孩子没有从父母那里得到更多的帮助。尤其是那些留守儿童，因为始终得不到父母的陪伴，而是和爷爷奶奶生活在一起，所以他们和父母的成长起点是相同的。这样的代代相传，是家族的退步，也致使孩子的成长一切重头再来。

父母要认识到一点，所谓爱孩子、对孩子负责任，并不只是给孩子生命、照顾孩子的吃喝拉撒这么简单。孩子是一个活生生的人，有自己的思想，是独立的存在，为此作为父母要给予孩子积极的陪伴。有的

第1章 1~2年级，是孩子小学生涯的开启

时候，父母和孩子在一起看似什么都没有说，实际上这对于孩子而言却是无声的教育。所谓身教大于言传，父母给孩子的榜样作用，远远超过教育孩子。为此，父母要把陪伴孩子成长作为重中之重，陪伴不但是父母给孩子的最好教育，也是父母给孩子的最好礼物。孩子的成长过程是不可逆的，作为父母，不要认为只要给孩子更丰富的物质条件，给予孩子更多的金钱支撑，就是对孩子好，就是对孩子负责。实际上，养而不教，只会让孩子陷入迷途，只会导致孩子的人生误入歧途。和那些高档的玩具与名牌的时装相比，孩子更渴望得到的是父母的真心陪伴，是父母的全心照顾，是与父母的嬉笑打闹。

教育孩子，养育孩子，父母一定不要本末倒置，而是要知道孩子真正需要的是什么，这样才能有的放矢地满足孩子的需求，给予孩子最好的陪伴。工作是永远也做不完的，孩子的成长则是不可逆的，作为父母，不要错过孩子的成长，更不要缺席孩子的成长，否则一定会追悔莫及。很多父母美其名曰努力奋斗是为了给孩子更好的生活，如果孩子因为缺乏父母陪伴而不能成才，对于父母而言，挣再多的钱，有再大的房子，又有什么意义呢？古人云，千金散尽还复来，而对于一个家庭而言，如果孩子没出息，甚至误入歧途，那失去的一切就再也没有机会找回来。还有很多父母觉得孩子还小，可以放在老家交给老人教养，等到孩子大一些，再把孩子带回到父母身边，由父母悉心管教。因此，有些父母把孩子放在老家等到上小学甚至上初中再带回身边，这是错误的。教育专家指出，孩子在6岁之前和小学阶段，正是人生的塑型期。等到孩子上了初中，基本上就已经雕塑成型，父母再去对孩子颐指气使，强求

孩子改变，怎么可能呢？父母一定不要错过孩子成长的过程，要从孩子出生就陪伴在孩子身边，这样才能事无巨细了解孩子，才能给予孩子最好的陪伴和最全面的呵护。

第2章
1~2年级，是学习好习惯养成的关键期

古人云，少成若天性，习惯成自然。这句话告诉我们孩子在童年时期养成的好习惯，就像孩子的天性一样是无法改变的，由此可见习惯对于孩子根深蒂固的力量。1~2年级的孩子，正处于成长的关键时期，父母应抓住这个培养好习惯的好时机。在此期间，父母要引导孩子形成好习惯，这会为孩子将来努力学习奠定良好的基础，也有助于孩子提高学习的效率，收获良好的学习效果。

帮助孩子养成好习惯

孩子开始读一年级，很多父母头脑中的那根弦就绷紧了，他们只顾盯着孩子的分数看，盲目追求孩子考高分，而忽略了培养孩子良好的学习习惯。也有些父母因为看到孩子考了九十几分就沾沾自喜，觉得孩子学习还是很不错的，为此对于孩子的学习疏忽懈怠。殊不知，1~2年级几乎每个孩子都能考到90分以上，因为1~2年级的学习很浅，重要的在于培养孩子的学习习惯。为此，不管孩子考试考得好还是不好，作为父母，都不要过多地关注分数，而是应该注重培养孩子良好的学习习惯，这样孩子未来在学习方面才会有发展后劲，才会有所提升。

明智的父母知道，好习惯远远胜过好分数，作为父母，要把培养孩子良好的学习习惯作为重中之重，而不要一味地盯着孩子的学习成绩。考试成绩只能代表孩子一个阶段的学习情况，而不能代表孩子更长时间里的学习表现，只有良好的学习习惯才能保障孩子在学习方面可持续发展，才能让孩子掌握学习的方法和技巧，在学习上有更大的进步。

很多父母都觉得孩子小时候很难带，而一旦等到孩子上了小学，就松了一口气，觉得孩子终于可以自理，父母也可以放松一下。实际上，孩子刚上小学的时候需要适应，父母也要配合和帮助孩子更好地适应小学阶段的生活，需要打起精神来，争取努力做到最好。不可否认的是，养成习惯的过程很漫长也很艰难，父母必须对孩子有足够的信心，才能

第2章 1~2年级，是学习好习惯养成的关键期

帮助孩子健康快乐成长。

原本，妈妈以为丁丁上了小学，自己就能轻松一些，也不用继续留在家里当全职主妇，而是可以去上班。没想到，开学才三天，妈妈就叫苦不迭，原来她非但没有变得轻松，反而疲惫不堪。

丁丁每天早晨都不愿意起床，妈妈至少要叫他三遍，有的时候要叫他五六遍，他才磨磨叽叽地起床，带着满脸极不情愿的表情。起床之后，丁丁还以慢回放的动作洗漱、吃饭，等到妈妈催着他出门的时候，也就距离迟到不远了。为此，妈妈骑着电动车飞速把丁丁送到学校门口，目送着丁丁走进学校。有一次，丁丁才到大门口预备铃就响了，害得妈妈担心了一整天，生怕丁丁被老师批评。等到下午放学回到家里，妈妈问起，丁丁却不以为然地说："那是预备铃，还没有上课呢！"妈妈无奈地说："真不知道我和爸爸都是急性子，为何偏偏生了你这个磨蹭鬼。你就不能早点起床，早点到校吗？非要磨磨蹭蹭，等到最后一刻钟才出门。"这几天来，妈妈已经无数次这么抱怨，然而丁丁充耳不闻，丝毫不把妈妈的批评放在心上。

更让妈妈发愁的是丁丁完成作业的情况。开学第二天，丁丁就因为第一天的作业没有完成，导致妈妈在群里被老师点名批评。老师说话毫不客气："丁丁妈妈，丁丁开学第一天就没有完成作业，这可不是一个好兆头。我们每天除了把作业告诉孩子，还会把作业发在群里，您也要关注和督促孩子完成。孩子才一年级，难免会因为走神没听清楚作业，或者因为懒惰而逃避写作业，所以父母要顶上。"妈妈丝毫没脾气，谁让自己是孩子妈妈呢！从这一天开始，妈妈就不遗余力督促丁丁写作

业，有的时候妈妈连饭都没空做，就坐在丁丁旁边看着。后来，爸爸回到家里没饭吃，得知妈妈在看着丁丁写作业，对妈妈说："你要想办法帮助丁丁养成好习惯啊，否则咱家至少12年都没饭吃，因为你得看到高中毕业！"听到爸爸的抱怨，妈妈无奈地笑了。其实，妈妈也不想盯着丁丁写作业，但是迄今为止还没有其他更好的办法。

爸爸说的很对，如果在1~2年级的时候不能让孩子养成好的作息规律，不能帮助孩子形成按时完成作业的好习惯，则渐渐地孩子只会变本加厉，导致父母面对孩子的学习更加被动和无奈。孩子才上1~2年级，正处于形成好习惯的关键时期，在这个阶段父母一定不要本末倒置，不要只采取简单快速的方法来提升孩子的学习成绩，而是要有耐心，积极地培养孩子的好习惯，这样一来孩子在学习过程中才会有更好的成长，才能激发主动学习的兴趣，增强自我控制力，从而把学习学好。

有些时候，父母对孩子的短期行为看似效果显著，实际上效果却转瞬即逝，根本不能对孩子起到长期的作用和良好的效果。父母要戒掉急功近利的思想，坚持对孩子进行合理的引导和管教，这样一来，才能激发孩子对于学习的内部驱动力，使得孩子在好习惯的辅助作用下，对学习产生更加浓厚的兴趣，也始终怀有积极的热情。

当然，除了早晨起床、放学写作业这些习惯需要养成之外，孩子还有很多习惯都需要养成。例如，孩子要珍惜时间，能够独立完成作业，课堂上要认真听讲且积极地回答问题，遇到有不懂不会的地方，或者在课堂里问老师，或者回到家里问父母。此外，如今教育系统很重视孩子的阅读，中小学每年寒暑假都会规定孩子阅读的书目，为此父母还要帮

助孩子养成爱阅读的好习惯。总而言之，孩子有很多习惯需要养成，父母一定要有耐心，才能积极地引导孩子，才能有的放矢地帮助孩子提升学习效率，养成良好习惯。

教会孩子如何听讲

看到这个题目，相信很多父母都会感到奇怪：听讲有什么难的？不就是坐在教室里听老师说话吗？孩子难道连这个都不会？真相一定让父母大吃一惊，因为很多孩子都不会听讲，甚至很多父母也不会听讲。因此，作为父母，首先自己要了解如何听讲，其次才能教会孩子如何听讲。这是一个循序渐进的过程，父母要有耐心，也要非常用心。

众所周知，对于学习而言，尤其是在学校里的系统学习，听讲是至关重要的。特别是对于小学低年级孩子而言，要向课堂要质量，就更要学会听讲。

听讲，首先要专心致志。前文说过，低年级孩子注意力集中的时间很短暂，只有15分钟到20分钟，为此大多数低年级老师都会抓住上半节课的时间，尽快把新的知识讲完，这样才能最大限度增强孩子听讲的效果。然而，这样一来也有一个弊端，即如果某一个孩子上半节课一直在开小差，则他们听讲的效果就会很差。不过老师也会想办法吸引孩子的注意力，父母要做的就是训练孩子的专注能力，让孩子在课堂上不错过老师说的每一句话。

其次，要想做到认真听讲，就要消除各种干扰因素。孩子的注意力很容易转移，因为他们的有意注意发展还不够完善，为此他们很容易受到各种东西的吸引。为此，父母在为孩子准备学习用具的时候，不要给孩子买功能太多、特别复杂的文具盒，而是要买简单款式的，否则孩子很有可能因为在玩铅笔盒，错过老师讲述的重要内容。

再次，孩子与同桌之间的配合也很重要。很多孩子之所以在课堂上开小差，就是因为他们喜欢和同桌讲话。当发现孩子与同桌之间有说不完的话时，父母可以要求老师帮助孩子调换座位，也可以从孩子的角度出发，告诉孩子课堂上不能讲话。

最后，培养孩子勤于思考和积极回答问题的好习惯。细心的父母会发现，那些爱回答问题，也喜欢主动向老师提问的孩子，往往都是很专注的，课堂听讲的效果也很好。他们之所以能够积极回答问题，或者主动发现问题向提问老师，是因为他们一直在专心致志地听讲，而且他们的思路也是跟着老师走的。为此，作为父母要鼓励孩子多多发言，在日常生活中，也要经常引导孩子思考，提出疑问。当孩子形成了勤于思考和积极提问的好习惯，在学习方面就会更加积极主动。

当然，任何事情都需要一个过程，孩子的成长更是要循序渐进。课堂听讲绝不像有些父母所想的那样就是坐在课堂里听，而是大有学问的。作为父母要端正态度，对于课堂听讲足够重视，这样才能引导孩子认真听讲，才能督促孩子集中注意力。总而言之，孩子一旦升入一年级，接下来十几年的时间里都会在校园里接受系统的教育和学习，父母一定要给孩子正确的方向和引导，才能让孩子在学习方面事半功倍。

了解"唱歌",肯定孩子

最近,妈妈发现丁丁在做作业的时候,总是要把题目读出来,有的时候看课外书,也会像小和尚念经一样喋喋不休。最让妈妈抓狂的是,丁丁读出声也就罢了,偏偏还要像唱歌那样去读,这让妈妈很不理解,不知道丁丁为何有如此表现。

有一次,妈妈遇到语文老师,和语文老师说起这个问题。老师安抚妈妈:"不要担心,孩子等到中年级就不会这么读书了。其实,唱读正是低年级孩子的特色,他们借助于读出声音这种方式来帮助自己集中注意力,加深对于所读内容的印象。"妈妈恍然大悟:"这还是特色呢?"老师笑着说:"是啊,孩子们课堂上也用唱读的方式读书,这样富有节奏感,朗朗上口,增强了读书的趣味。"

孩子升入一年级之后,才学会读书,他们最先接触和学会的读书方法就是朗读,为此他们很喜欢读出声。这其实是有渊源的。众所周知,孩子进入一年级就开始学习拼音,为了随时检查孩子的拼音读法是否正确,老师就要求孩子必须读出声。等到学完拼音,孩子开始学习课文,因为小孩子注意力很容易分散,老师只能想方设法帮助孩子集中注意力,为此也会要求孩子读出声。对于稍微大一些的孩子,老师还会组织他们分角色朗读、进行朗读比赛等。渐渐地,孩子就养成了出声朗读的习惯。正如事例中老师所说的,这是符合低年级孩子身心发展规律的,也有助于孩子学习。

然而,朗读很容易受到外部环境的限制。例如孩子在早读课的时

候可以朗读，在语文课上老师要求朗读的时候也可以朗读，而如果在读书馆、阅览室等场合，再大声读出来就会影响别人。为此随着年级的不断增长，孩子也要渐渐地改变阅读方式，学会默读。有很多孩子因为习惯了朗读，所以在默读的时候总是无法集中注意力，一旦出现这样的情况，父母就要引导孩子，教会孩子默读。而如果孩子只是在低年级阶段习惯于朗读，父母无须过分紧张，因为这是符合孩子的身心发展规律的，也有助于孩子学习。

在小学阶段，低年级孩子不管是上语文课读课文，还是上数学课进行数字演算，往往都会读出声音来。他们或者唱读，或者自言自语，有些孩子因为惯性，还会把自己思考的过程也说出来，从而促进思考。似乎只有这样出声地表达一遍，他们才能更加了解文字或者数字的意思，才能推动思维过程向前发展。没关系，这样的行为之所以出现，是缘于老师的引导。等到孩子顺利度过了幼升小的过渡阶段，思维能力增强，注意力更加集中，老师也会引导孩子进行默默的思考和在心里朗读，这样一来，孩子自然就改掉了唱读的习惯。当然，也有些孩子对于唱读感情很深，在做作业的过程中，他们每当遇到难以解决的问题时，也会情不自禁读出声。这其实是孩子在以朗读的方式集中自己的注意力，即使到了高年级阶段，也依然会有孩子偶尔这样表现，无可厚非。

有极少数孩子尤其喜欢朗读，这是为什么呢？这些孩子大多数都属于听觉型学习者，所谓听觉型学习者，就是指孩子更喜欢接受声音的刺激来进行学习。例如，他们很愿意听老师讲课，也喜欢从录音机里听

各种故事,还喜欢朗读诗歌等。为此,他们在自己读书的时候也喜欢声情并茂地读出来,对于这种对朗读有特别偏好的孩子,父母要循序渐进地引导他们学会默读,毕竟在生活和学习过程中,有很多时候条件不允许大声朗读,或者会扰乱课堂秩序,或者会影响他人。孩子最好既会唱读,也能够学会默读,从而根据自身的需要或者不同的场合调整读书方法,更加卓有成效地进行学习。

是否应该陪孩子写作业呢

是否陪着孩子写作业,这是一件让很多父母都特别纠结的事情。不陪,孩子写作业的时候总是三心二意,喜欢开小差,导致写作业的速度和效率都大大降低。陪,又担心孩子形成依赖性,每次写作业都必须有父母陪着,否则就会表现更差。这样一来,父母岂不是要一直陪着孩子再上一遍学吗?实际上,这个问题的正确回答显而易见,那就是父母不应该陪孩子写作业,而是要给予孩子更大的空间自由安排时间,自主决定写作业的进度,从而渐渐养成积极主动学习的好习惯。

在漫长的人生中,孩子要坚持不断地进行学习,因为需要他们学习的东西很多。就像孩子需要独立学会行走、穿衣服、吃饭一样,孩子也要学会独立进行学校里的学习,将来他们在走上社会之后也要继续学习。为此父母要帮助孩子养成独立的好习惯,这样孩子才能避免产生依赖性,才会更加积极主动对待学习。写作业,正是学习的一项重要内

容，当然也需要孩子独立完成，这一点毋庸置疑。很多父母在孩子入学之初，因为各种各样的原因会看着孩子写作业，结果渐渐地孩子对父母的依赖性越来越强，如果父母不在旁边看着他们，他们就不能专心致志地写作业，不得不说，这绝对是一个坏习惯。因为这意味着孩子对于学习的内部驱动力降低，而需要依靠外部驱动力，才能有更加积极的表现。这样的孩子不是我要学，而是要我学，作为父母，一定不要惯着孩子这样的坏习惯，而是要激励和督促孩子主动学习。

如今仍然是应试教育环境，每个孩子都需要以成绩为自己代言，自从踏入学校的门槛，就要持续不断地参加各种各样的考试，接受层层级级的检验。如果孩子总是对于学习三心二意，总是发自内心抵触和排斥学习，则他们在学习方面的表现一定非常糟糕。要想顺利通过考试，孩子除了要在课堂上认真听讲之外，还要在课堂之后认真完成作业。完成作业是学习中重要的一环，可以帮助孩子在课堂之后进行积极的复习，也可以帮助孩子接受练习，不断地增强完成习题的能力。然而，完成作业的确很辛苦，需要付出努力。为此孩子在入学之初会对写作业很感兴趣，而随着上学的时间越来越长，作业的量越来越多，难度也越来越大，孩子的积极性就会受到打击，孩子对于完成作业也就不那么心甘情愿了。孩子越是抵触写作业，父母越是要从根源上激发孩子对于学习的主动性，让孩子认识到完成作业是学习的重要环节，从而心甘情愿写作业，而不要总是逼迫和强迫孩子，否则就会让孩子产生抵触和逆反心理，根本不愿意完成作业。

其实，一旦孩子养成主动完成作业的好习惯，也把完成作业看成理

所当然的事情，他们就会在每天放学后按部就班完成作业，而不会特别抵触。首先，父母要告诉孩子作业的重要意义和作用。因为低年级的学习内容很简单，很多孩子本身又比较懒惰，所以他们想不明白为何自己已经学会了很多内容，老师却要求他们在放学回家后还要去反复地写。当孩子意识到写作业是对课堂所学内容的复习和巩固，也真正经历了因为没有完成作业而导致次日老师检查的时候不过关的情况，他们写作业就会更加认真和积极。其次，要想培养孩子按时完成作业的好习惯，父母就要坚决要求孩子放学到家就马上写作业，而不要任由孩子在放学回家之后先吃东西，玩耍一会儿，或者看一会儿电视再写作业，否则会导致孩子心神涣散，根本不能马上收心，专心致志地完成作业。

即使父母万不得已要陪着孩子写作业，还要讲究方式和技巧。很多父母陪伴孩子写作业简直就是一场灾难，因为他们始终都在盯着孩子写出来的内容是否正确，一旦发现错误就会要求孩子中止写作业，转而来订正错误。殊不知，这样做会破坏孩子的专注力，导致孩子在完成作业的时候无法长时间保持注意力集中。父母要确定自己的作用是坐在旁边震慑孩子，从而让孩子管理好自己，不要偷奸耍滑，而不是每时每刻都在观察孩子所写的内容是否正确，否则就会让孩子受到干扰。此外在陪伴孩子的时候，如果孩子遇到不会做的题目，一定会向父母求助。这个时候，很多父母为了省事往往直接告诉孩子正确答案，这样一来孩子就没有机会主动去思考。明智的父母不会直接告诉孩子答案，而是会引导孩子进行更加深入的思考和分析，从而激发孩子的思考能力，让孩子更加积极主动地思考，直到自己找到答案。有些问题的解决需要借助于工

具书，如孩子有一个字不认识，这个时候父母还要帮助孩子一起查找工具书，从而让孩子掌握使用工具书的方法。唯有如此不厌其烦地陪伴孩子，引导孩子，才能让孩子掌握正确的学习方式和方法，使得孩子的学习事半功倍。

当然，只要孩子能够做到独立完成作业，父母就不要总是干扰孩子，更不要总是陪伴或者监督孩子。父母要知道自己不可能永远陪伴和监督孩子，也要知道孩子最终要独立行走人生的道路，与其让孩子形成依赖性无法独立生活，不如让孩子更加独立自主，这样孩子的自理能力才会越来越强，学习能力才会有所增强。总而言之，教育孩子可不能投机取巧，也不要一味地为了节省力气。有的时候，父母需要花费一些笨方法，才能激励孩子有更大的进步，才能让孩子坚持成长，有所收获。

写完作业必须检查

很多父母都会感到纳闷，在同一个班级里，孩子们接受同一个老师讲授知识，也做相同的作业，就连板凳桌椅都是一样的，为何学习表现完全不同，学习成绩迥异呢？父母百思不得其解：难道是自家孩子太笨吗？当然不是。难道是别人家孩子太聪明吗？智商也不会相差这么多吧。其实心理学家经过研究证实，大多数人的先天条件都相差无几，之所以有的人总是能够获得成功，而有的人却与失败结缘，就是因为他们

在后天成长过程中拉开了差距。父母如果认真观察就会发现，孩子课堂上听讲的认真程度不同，对于课后完成作业的态度也会不同。如果一个孩子在课堂上不认真听讲，课后完成作业也从不认真细致，更不会进行必不可少的步骤——检查，那么他们的学习成绩一定不会好。从另一个角度来说，即使孩子在课堂上听讲很认真，而在课后完成作业完全是敷衍了事，从不检查，那么他们的学习表现也不会出类拔萃。

不仅孩子不知道写完作业要检查，很多父母也没有把检查当成是必须进行的步骤，他们或者从不督促孩子检查，或者代替孩子检查作业，告诉孩子哪里错了，让孩子直接订正。这就像是一个人做了事情不确定对错，也不进行自我反思，自然不会有更大的进步和成长。为此明智的父母从来不会代替孩子检查作业，而是会督促孩子养成完成作业后认真检查的好习惯，这样一来，孩子才能按部就班检查，才能在学习中有更好的表现。

当孩子在写完作业后如果不检查，心里就会感到忐忑，就会觉得自己还没有完成作业时，那么则意味着孩子已经养成了写完作业就检查的好习惯，也意味着孩子的学习会有很大的进步和提升。当然，这样的好习惯要想养成，并非容易的事情，父母要多多督促孩子，也要耐心引导孩子，更要苦口婆心告诉孩子检查作业的好处，这样才能说服孩子主动检查作业。还要注意防范孩子对于检查作业的态度不认真，如果三心二意，总是走马观花、流于形式的检查不仅不能检查出真的错误，反而会让孩子对于检查这件事情更加懈怠。那么，如何端正孩子对检查作业的态度，让孩子认识到检查是必须经历的过程呢？

有一个卓有成效的办法,那就是父母即使看到孩子作业写错了,也不要告诉孩子,而是任由孩子把错误的作业交给老师。这样一来,老师发现孩子做错了,就会给孩子指出来,孩子看到其他同学的作业本上都是大大的红钩,而自己的作业本上却是大大的红叉,一定会感到很尴尬,也会因此而进行自我反思。相信孩子有几次这样的经历之后,就不会觉得检查可有可无,而是会对检查作业有更加认真慎重的态度。

吃一堑才能长一智,如果父母总是代替孩子检查作业,长此以往孩子会把检查当成父母理所当然的工作,在做作业的时候,态度也会变得懈怠和漫不经心,认为有人给我兜底,帮助我指出错误,还告诉我如何改正,我就算第一遍做错了也没关系。当孩子这么想的时候,可想而知他们做作业的质量会大幅度下降。由此可见,是否帮助孩子检查作业,关系到孩子学习态度的大问题;是否督促孩子养成检查作业的好习惯,关系到孩子的学习效果。哪怕过程再艰难,父母也要引导孩子学会检查作业,从而培养孩子做作业认真细致的好习惯,也锻炼孩子的独立能力。

需要注意的是,有些孩子完成作业之后感到疲惫,为此会先去休息,再来检查作业。前文说过,孩子的注意力很容易分散,如果在休息的时候看电视,或者做有趣的游戏,孩子对于检查作业就会更加抵触。为此,父母要督促孩子在完成作业之后马上检查作业,这样孩子才能把检查作为完成作业的必备环节,不再逃避和畏缩。有些低年级的孩子不知道如何检查作业,父母还要告诉孩子检查的要点,诸如检查有没有错别字,计算题是否出错,还要检查完成度如何。在孩子检查之后,父母

再对孩子的作业进行整体检查，但是父母不要检查孩子的作业中有多少错误，而是要检查孩子完成作业的态度是否认真，字迹是否工整。要让孩子把每次完成作业都当成考试去认真慎重地对待，这样孩子才能养成认真仔细的好习惯，才能逐步提升完成作业的质量和速度。

还有的父母在孩子做作业的时候，一会儿去给孩子送些水果，一会儿去给孩子送牛奶。且不说孩子是否真的需要补充能量，这样的做法会严重扰乱孩子做作业的专注程度，使得孩子在完成作业的过程中思路被打断，也影响完成作业的速度和质量。孩子就算真的饿了，挨饿一会儿也没关系，父母要分得清楚轻重主次，才能有效地培养孩子的好习惯。

及时复习，才能巩固记忆

德国大名鼎鼎的心理学家艾宾浩斯经过研究发现，人类的大脑对于新事物的遗忘有一个规律，即遗忘并非匀速进行的，而是在学习之后的最早那段时间里遗忘速度最快，而随着时间的推移，遗忘的速度反而越来越慢。研究出遗忘的规律之后，对于帮助人们增强记忆力有很好的效果，那就是和遗忘背道而驰，与遗忘进行奋战，这样一来，人们才能战胜遗忘，牢固地掌握新学习的知识。艾宾浩斯提出，"遗忘和保持是时间的函数"，由此绘制出尽人皆知的艾宾浩斯遗忘曲线。

在学习的过程中，孩子始终都要坚持记忆很多的知识和内容，为此也就展开了和遗忘之间的持久战。如何帮助孩子战胜遗忘，让孩子更加

牢固地记忆很多重要的知识和内容呢？低年级的孩子以机械记忆为主，但是不管是机械记忆还是理解记忆，都会呈现出遗忘的趋势，为此还是要掌握对抗遗忘的方法，才能记得更加牢固。

既然艾宾浩斯告诉我们，在学习之后的最短时间内，遗忘的速度最快，那么父母就要引导孩子及时进行复习，这样才能巩固记忆。举个简单的例子，孩子很难一下子就把一篇课文背诵下来，但是如果坚持反复记忆，经常诵读这篇课文，在进行初步记忆之后，此后几天的时间里都坚持回忆这篇课文，如果有遗忘的地方，就继续进行深化记忆。这样一个星期之后，孩子对于课文就会记得很牢固。不过，这需要孩子进行滚动记忆和循环记忆，才能取得最好的效果。

在孩子学习新知识之后，如果孩子还没有养成自发主动复习的好习惯，父母也可以及时考一考孩子。例如，当孩子放学回到家里，父母可以让孩子说一说当天学习了什么内容，当然父母也可以了解孩子的教材，从而有的放矢地引导孩子更好地回忆和巩固所学习的知识。有的父母非常懂得教育的智慧和艺术，还会要求孩子把所学内容教给自己。这样一来，孩子在教会父母的过程中，也会被动地复习所学的知识，如果孩子把所学的知识掌握到可以当人老师的程度，自然达到了深度理解和记忆。这不失为一种好方法，既可以让孩子感受到好为人师的乐趣，也可以激励孩子坚持这样去做。在充当孩子的学生时，父母要假装得惟妙惟肖，这样才能激发孩子好为人师的兴趣。

除了这些方法之外，每当经过一段时间的学习，父母和孩子还可以把所学习到的内容系统化，从而让孩子对于整体的知识框架有大概的了

解。例如，绘制简单的思维导图，一开始，孩子也许不会绘制，父母要耐心地交给孩子方法，把话说得浅显易懂，这样才能引导孩子快速地成长。当然，对于数学方面的知识点，需要背诵和记忆的东西很少，最好的办法就是引导孩子做练习。这样一来，孩子在解决问题的过程中，就会反复复习所学习到的知识点，等到孩子把习题做得熟能生巧，他们对于知识点的掌握也就炉火纯青了。

每个孩子都是独立的生命个体，在学习方面都会表现出自身的特点。作为父母，固然要从专家学者那里学习先进的教育理念，也要从经验丰富的父母那里取经，但是都要始终牢记一点，那就是孩子有自身独特的特点，不管采取何种教育方法和复习方式，都要从孩子本身出发，这样才能有的放矢地提升孩子的学习效率，增强孩子的学习效果。

第3章

帮助孩子尽快适应小学节奏和校园生活

和幼儿园相比,小学显得截然不同,为此孩子从幼儿园升入小学,需要漫长的适应过程。进入小学之后,孩子不再像在幼儿园里一样以游戏为主,而是要以学习为主要任务,所以,孩子学习和生活的节奏都会加快。然而,孩子天生就很喜欢玩耍,如果逼着孩子马上就进入紧张的学习之中,孩子会抵触,也会产生诸如紧张焦虑等负面情绪。父母要帮助孩子尽快适应小学阶段的生活,唯有让孩子爱上学习,才能提升孩子在各个方面的表现。

幼升小，第一次择校

从幼儿园升入小学，是孩子人生中的第一次择校。如今，择校现象越来越普遍，择校也成为父母们经常挂在嘴边的一个词语。然而，不管选择在哪一所小学就读，有一点都是无法改变的，那就是孩子原本已经习惯了在幼儿园里的生活和节奏，如今一下子进入紧张有序的小学生活必然会感到不适应。如果孩子本身性格外向开朗，适应能力很强，适应的过程会缩短一些，而如果孩子本身性格就很内向沉默，而且适应能力也很差，那么就需要更长的时间进行适应。在这个艰难的阶段，孩子需要父母的理解、包容和陪伴，偏偏有很多父母比孩子更加心急，一旦发现孩子在升入小学之后表现不够好，父母就会批评孩子，也会催促和训斥孩子。其实，父母完全本末倒置了，在这个阶段，父母的首要任务不是提升孩子的学习表现，争取让孩子考到更高的分数，而是要全力以赴帮助孩子适应小学阶段的生活，这样孩子才能够尽快爱上小学，与学习相关的各方面表现才会越来越好。

每当孩子放学回到家里，很多父母第一句话就会对孩子说"快去写作业"，殊不知，孩子想要听到的根本不是这句话。也有的父母会问孩子："今天在学校学习什么内容了？有没有都学会呢？"不得不说，这些父母的做法会让年幼的孩子心中产生误解：父母到底是关心我，还是关心我的学习？他们尽管无法细致地表达自己心中的不满，但是对于父

第 3 章　帮助孩子尽快适应小学节奏和校园生活

母会变得疏远。明智的父母要问孩子"今天开心吗""和小朋友们相处愉快吗",这才是关心孩子本身的感受,也会让孩子觉得温暖。

毋庸置疑,小学生活和幼儿园生活截然不同,不但教育环境不同,而且教育方式方法与目的意义都有很大的差别。关于小学和幼儿园的区别,我们在前文曾经有过详细的阐述,这里不再赘述,重点是要从孩子的感受出发,告诉父母如何才能有效地激发孩子对于小学的热爱。别说是年幼的孩子,就算是成人要一下子从自己喜欢和熟悉的生活中摆脱出来,去过自己不喜欢和完全陌生的生活,也会感受到很大的压力,内心忐忑不安。更何况,对于孩子而言,小学生活的确没有幼儿园生活生动有趣,他们在小学阶段也不会得到类似幼儿园阶段的细心照顾。父母要理解孩子正在面对怎样的难关,也要知道孩子心中的苦恼,在与孩子沟通的时候,要更加关心孩子本身,而不要一味地盯着孩子学习。此外,在和孩子沟通的过程中也要讲究方式方法,而不要误导孩子,更不要给孩子错误的引导。有的父母会问孩子:"今天在学校和小朋友打架了吗?""今天有没有被老师批评呢?"看起来,这些问题是让孩子去回答,而实际上父母已经先入为主地认定孩子在学校里会发生不愉快的事情,也给了孩子消极的心理暗示。

父母要知道,孩子只有爱上学校,才能在学习方面有更好的表现,如果孩子把每天去上学当成一种煎熬,怎么可能在学习上有更大的收获呢?为此,父母要给予孩子积极的引导,如问孩子:"今天你过得开心吗?学校里有没有什么新鲜有趣的事情发生呢?""今天,你发现校园里有什么变化吗?"这些问题同样是问题,却带着孩子的思路去发现校

园的美好，去发现老师与同学的可爱，孩子不想爱上学也很难。

当然，在进入幼儿园之前，必须让孩子进行充分的准备，因为只有如此，才能缩短孩子的适应过程，才能让孩子感受到学习的快乐。具体而言，首先，在学龄前的最后一个暑假可以未雨绸缪。例如，让孩子形成良好的作息习惯，教会孩子简单的拼音和数字，和孩子一起期待和憧憬开学的时间。在为孩子购置各种学习用品的时候，父母最好带着孩子一起去购买，这样一来在买东西的过程中孩子就会感到很快乐，也对新的学习阶段充满期待。其次，开学之后，父母为了教给孩子更多的人际相处之道，可以坚持每天以故事的形式告诉孩子如何与人相处。对于孩子而言，学习是一个关卡，与老师和同学以全新的模式相处，也是一个关卡。最后，父母要和孩子之间保持顺畅的沟通，这样才能知道孩子在学校里的喜怒哀乐，及时洞察孩子的心理状态和情绪状态，从而发现问题及时解决，避免问题堆积如山，积重难返。

从幼儿园到小学，对于孩子而言是挑战，对于父母而言也是陪伴孩子的关键时期。父母一定要引导孩子在开学之前就进行充分全面的准备，这样当小学生活如期而至的时候，父母与孩子才能表现得更从容，才会在过渡的过程中收获更多的心得和体会。

孩子为何不想去学校

开学一个月的时间里，琪琪一直都对上学很感兴趣，也总是高高兴

兴上学,高高兴兴回家。妈妈心里不由得松了口气:大家都说幼儿园升入小学需要适应,搞得我如临大敌,现在看来,我家琪琪适应能力就很强,完全不需要我们操心啊!然而,妈妈才这么想了没两天,琪琪就闹腾开了。有一个周一,琪琪早晨起床就磨磨蹭蹭,怎么也不想去学校,起床之后更是想出各种理由和借口,宁愿自己留在家里,也不愿意去学校。这到底是为什么呢?

妈妈问琪琪:"学校里有人欺负你吗?"妈妈知道这么问不对,但是琪琪都已经排斥去学校了,妈妈也顾不上再讲究方式方法,只好这样直截了当去问。琪琪摇摇头。妈妈又问琪琪:"你害怕老师吗?老师批评你了吗?"琪琪还是摇摇头。眼看着妈妈还想继续问下去,琪琪索性告诉妈妈:"我就是不想上学,坚决不去上学,你不要再问啦!"妈妈看到琪琪发脾气,也有些生气和烦躁:"每个小朋友都要去学校,你也要去,这没什么好商量的,你必须去,没有选择的权利。"琪琪看到妈妈凶神恶煞的样子,吓得哭起来。妈妈不由分说把琪琪送到学校,交到老师手里,才放心地离开。中午的时候,妈妈给老师发微信问琪琪的情况,这才知道琪琪周末的作业没有完成,妈妈恍然大悟,知道琪琪为何拖延着不去学校了。妈妈对老师说:"该批评就批评,看她下次还抓不抓紧时间完成作业!"

孩子为何不愿意上学呢?很多父母百思不得其解,其实孩子不想上学有的时候有原因,有的时候没有原因,就像父母一旦想起过了周末就要去上班,就会非常紧张焦虑一样,孩子也会出现周末综合征,也会对上学感到厌倦。事例中,琪琪不想上学是有明确原因的,一开始妈妈不

知道琪琪作业没有完成，后来从老师口中得知真相，当即决定要借此机会好好教育琪琪，让琪琪以后每到周日的时候就主动完成作业。的确，孩子不吃一堑，就不能长一智。作为父母，要让孩子学会承担责任，而不要总是庇护着孩子。相信琪琪在经过这次事件之后，未来一定会努力按时完成作业的。

1~2年级的孩子心思很复杂，很多父母误以为孩子感情很粗糙，不会想那些细致的问题，实际上孩子的情感非常细腻敏感，他们也会有独特的视角去看待这个世界，因此他们对于这个世界的感受是与成人截然不同的。孩子的天性就是追求自由，一旦走入校园，就要被老师管教，就要被上课铃提醒，想做的事情不能做，却要硬着头皮在课堂里听老师讲课，放学之后还要完成各种作业，孩子当然不喜欢上学了。有些父母误以为学霸都是很爱上学的，实际上有心理学家经过调查发现，即便是学霸，也很不喜欢上学，只是因为他们的理性发育比较完善，可以以理性控制自己，从而让自己在学习方面有更快速的成长和发展。

当孩子不想上学的时候，有耐心的父母会给孩子讲一些空洞的大道理，殊不知孩子根本听不懂，就算听懂了他们也只想顾着眼前，而不想为了以后找到所谓的好工作就放弃了玩耍的权利。没有耐心的父母则会训斥孩子，强迫孩子必须去上学。这样的方法，只是暂时让孩子接受了必须上学的事实，而并没有从根源上解决孩子心中对于上学的排斥和抵触，因此效果根本不好。所谓解铃还须系铃人，通常情况下，孩子不想上学一定是有原因的，或者至少会有触发点，父母要走入孩子的内心，了解孩子排斥上学的根本原因，如此才能解开孩子的心结。当父母真的

用心去了解孩子，就会发现孩子不想上学的原因千奇百怪。例如，有的孩子在学校里没有找到厕所，有的孩子只是因为没有得到老师的笑脸就很害怕老师，还有的孩子因为与同桌发生了矛盾逃避去学校，也有的孩子因为丢失了一个东西而对学校感到十分厌恶。作为父母，不要以成人的思维去揣测孩子，而是要意识到孩子的心思非常奇妙，父母只有真正打开孩子的心扉，走入孩子的内心，才能了解和洞察孩子的心思。尤其不要觉得孩子不想上学的原因很滑稽可笑，有些事情在父母眼中是小事情，在孩子眼中就是不折不扣的大事情，父母要理解孩子，也要积极地帮助孩子解开心结，才能消除孩子的负面情绪，让孩子从不愿意上学到爱上上学。

退一步而言，如果孩子无论如何都不想去上学，父母一定不要试图在短时间内就凭着说教改变孩子的想法，而是要接纳和理解孩子的情绪，这样才能帮助孩子平复情绪。换言之，就是当孩子与学校对立的时候，父母要选择站在孩子那一边，而不要和孩子对立起来，否则只会导致孩子更加不愿意听父母说话，这样一来，亲子沟通就无法进行下去。当父母表示对孩子理解，孩子的情绪就会渐渐缓解。如果孩子真的不愿意去上学，父母也可以允许孩子在家里休息一两天，等到孩子的情绪缓解了，他们自己会想明白很多道理。总之，不要强迫孩子，毕竟父母作为孩子最信任和依赖的人，如果强迫孩子，伤害孩子，一定会让孩子非常伤心，也会导致事与愿违。父母，是孩子最好的照顾者和陪伴者，也是世界上最爱孩子的人，要以爱与自由为孩子营造良好的家庭环境，也要耐心引导孩子，这样才能保证孩子健康快乐地成长。

孩子为何撒谎称病

上次因为周末没有完成作业而不想上学之后，琪琪始终都能按时完成作业，上学也步入正轨，坚持一周上五天课，休息两天。然而，有一个周三，琪琪早晨起床突然说自己肚子疼，这让妈妈非常担心，当即向单位请假，带着琪琪去了医院。到了医院之后，医生经过一番检查，也详细询问了琪琪的大便情况，确定琪琪只是肠道痉挛。妈妈问医生："需要输液吗？"医生还没来得及回答，琪琪马上对医生说："不疼了，不疼了！"原本对于琪琪肚子疼深信不疑的妈妈，因为琪琪回答太快，反而生出了疑心。妈妈继续建议医生："是不是输液能好得快一些呢？"医生看出了妈妈的意图，也说："真的还疼的话，是需要输液的。"琪琪害怕极了，哭着说："我的肚子不疼了，真的一点儿都不疼了。"妈妈心中有数，带着琪琪从医院出来，回家拿了书包之后就要送琪琪去学校。琪琪可怜兮兮地对妈妈说："妈妈，我都生病了，还要去上学吗？"妈妈以不容反驳的语气说："你的肚子不是好了吗？好了就是好了，就不是生病了。要是你觉得肚子还疼，咱们就去找医生打针。"琪琪无奈，只好跟着妈妈一起去学校。

在去学校的路上，琪琪委婉地对妈妈说："妈妈，我们昨天学习了复韵母，特别难，我一想到复韵母就肚子疼，能不能不去学校了？"妈妈对琪琪说："复韵母的确很难学，不过如果你因为自己肚子疼，耽误一天课程，而其他同学却多学习了一堂课的复韵母，那么你岂不是对复韵母的学习更糟糕了吗？"琪琪觉得妈妈说得很有道理，小声嘀咕着：

"也是啊，肚子疼不能让我学会复韵母。"就这样，琪琪去了学校，主动找到老师学习复韵母，而且回家之后，妈妈也带着琪琪巩固了对于复韵母的学习，琪琪再也不会肚子疼了。

人人都有趋利避害的本能，孩子也是如此。对于1~2年级的孩子而言，如果在学习中遇到无法掌握的内容，也许孩子花费了很多的时间和精力，却始终不能学好，那么孩子就会产生畏难情绪，甚至会想退缩。但是，孩子知道自己必须去上学，又不能因为学习有困难就拒绝去上学，他们不敢告诉父母自己真实的想法，为此就要想方设法地拖延上学，装病无疑是一种很好的方式。但是，父母听到孩子生病了总是很担心，往往第一时间就会带孩子去医院诊治，如果听到要打针，孩子就会非常害怕，这个时候撒谎装病的事情就会被识破。其实，孩子有这样的表现，父母无须大惊小怪，这实际上是孩子在进行自我保护，只不过是采取了错误的方式方法。这恰恰说明孩子开始学会思考，也会想出很多的办法来达到自己的目的。这不是因为孩子道德败坏，对于孩子而言，撒谎只是自我保护的一种方式。

当孩子已经习惯了小学的生活，每天都可以按时去学校，但是突然有一天早晨醒来就说自己生病了，或者说自己哪里不舒服，就意味着孩子的心理状态有了变化。其实，孩子畏惧学习上的难点，是因为他们还无法正确评价自己的学习能力，对于自己的学习状态也不能有正确的衡量，为此他们常常会因为学习上遇到困难就否定自己，就会退缩。当孩子出现这样的状态时，父母要尽量消除孩子的恐惧情绪，给予孩子一个缓冲的时间。趋利避害是人类保护自己的本能，孩子的谎言只是为了保

护自己，而不是为了伤害别人，为此父母要有的放矢地引导孩子，告诉孩子如何才能学习和掌握新知识。当孩子通过努力证明了自己的实力，他们就会越来越自信，自然会在学习方面有好的表现，也不用再撒谎称病了。

为了帮助孩子消除畏难心理，父母还可以在日常生活中，带领孩子去挑战困难。当孩子面对很大的难题都能勇敢无畏，则他们在学习方面就会有更好的表现。人生不如意十之八九，人人在生命历程中都可能遭遇各种坎坷和磨难，孩子也不例外。父母不要一味地保护孩子，而要培养孩子战胜困难的决心和毅力，这样孩子才会更加坚强成长。

孩子，你在学校发生了什么

孩子3岁后进入幼儿园上小班，如今很多幼儿园都有监控设施，父母可以随时从手机上看到孩子在幼儿园里的情况，这给了很多父母安慰。然而，近些年来幼儿园里的各种伤害孩子的事件时有发生，让父母们的心又悬起来。其实在幼儿园还算好的，因为老师对孩子进行全方位照顾，还经常把孩子吃喝拉撒等情况反馈给父母，所以父母对于孩子在幼儿园里的情况还是很了解的。但是，进入小学之后，老师以教授孩子知识为主要任务，对于孩子生活方面的关心减少了。孩子需要独立与同学相处，也要在漫长的一天里照顾好自己，这对于1~2年级的孩子，尤其是刚刚入学的一年级新生而言，是一个较大的挑战。

父母要想了解孩子在学校里的情况，就要问老师。然而，老师除了上课时间，并不一直在教室里待着，为此老师也只能把关于孩子学习的情况反馈给父母，至于孩子如何与同学相处，在学校里的一天过得是否开心，父母就需要问孩子。有的孩子性格外向，很乐于把自己在学校里发生的事情讲述给父母听，而有的孩子性格内向，父母就算问他们，他们也不一定愿意表达。这样一来，父母了解孩子的在校情况就很困难。

其实，除了通过老师和孩子自身来了解学校情况之外，父母还可以迂回曲折，向孩子的好朋友打听一些情况。好朋友会从客观的角度来介绍孩子的情况，也许会更加贴近事实。当然，人人都有主观角色和意识，因而父母在从他人口中打听孩子的情况之后，不要对孩子妄下定论，而是要更加理性思考，综合评价和考量孩子，这样对孩子才是更加负责任的态度。

如今，很多家庭的亲子关系都很紧张，父母对于教育孩子没有耐心，孩子也不愿意向父母敞开心扉，这样一来对于孩子在学校里的情况，父母始终浑然不知。之所以出现这样的情况，主要是因为亲子沟通出现问题导致的。很多父母对于孩子动辄批评和训斥，渐渐地失去了孩子的信任，孩子不管有什么问题都不愿意和父母说，父母当然也会觉得很无奈。现实生活中，还有些孩子遇到难题的时候会向同龄人求助，导致没有及时得到有效的指导，成长陷入困境。作为父母，不管在什么情况下都要赢得孩子的信任，这样孩子在遇到危险或者难题的时候，才会第一时间向父母求助。

也有很多父母觉得问老师是最好的方式，然而老师工作也很忙，父

母面对老师的时候往往话到嘴边，又不知道应该如何去说，又害怕说得不对引起老师的反感。这样进退两难，让父母也觉得很尴尬。其实，父母对待老师没有必要那么紧张，而是要怀着一颗平常心，认识到老师也是人，而不是神仙，彼此都多一些宽容和理解，自然可以让问题得到解决。

父母要对孩子的成长负责，既要了解孩子在家庭生活中的表现和情况，也要了解孩子在学校生活中的表现和情况。只有面面俱到地了解孩子，父母才能更加有的放矢地引导孩子成长。如果对于孩子的了解脱节，只知道孩子在父母面前的表现，而不知道孩子当父母不在场的时候是一个怎样的人，显然不利于父母加深对孩子的了解，也不利于形成和谐健康的亲子关系。

家校沟通要讲究原则和技巧

当父母带着忐忑的心情来到老师面前，既不知道应该如何询问孩子在学校里的学习和表现情况，也不知道如何针对孩子出现的问题和老师进行详细的沟通时，这次见面的质量就会大打折扣。家校沟通是很必要的，唯有如此，老师和父母才能互通有无，针对孩子的情况进行全方位了解，这既有助于老师了解孩子在家里的表现，也有助于父母了解孩子在学校的表现。此外，良好的家校关系，还有助于促进孩子学习和成长。

尤其是对于一年级孩子的父母而言，孩子在学校里度过一个独立的白天，父母什么都不知道，有太多的牵肠挂肚，也有太多想要了解的信息。当父母与老师建立良好的沟通关系，父母有了了解孩子的渠道和途径，就会对孩子的情况全方位了解和把握，当然会放下心来。当然，经常给老师打电话是不可行的，毕竟老师在上课时间没有办法接电话，而且过于频繁地给老师打电话，也会让老师不堪其扰。为此父母在进行家校沟通的时候，最重要的就是要把握好合适的限度，这样才能做到既了解孩子的情况，也不至于引起老师的反感。

在适度的基本原则之下，父母在和老师进行沟通的时候，还要讲究技巧。否则一旦过度，或者使用了错误的方式方法，不但不利于融洽关系，还会导致老师与父母之间的关系变得紧张。父母在给老师打电话的时候，要选择合适的时间点。早晨和上午是老师最忙碌的时候，手机很有可能不在老师身上，因此不要给老师打电话；中午老师要吃饭，要午休，也不要给老师打电话。下午，很多主课老师都会在办公室里批改作业等，可以在三四点钟打电话给老师了解情况，说话要简明扼要，因为老师有大量作业需要批改，并没有那么多时间闲话家常。等到下午放学之后，是老师的私人时间，如果没有紧急的事情，就不要打电话。如果事情很紧急，那么可以直接给老师打电话询问情况，而不要使用短信、微信等方式与老师联络，以免耽误时间。晚上太晚，如果没有特殊情况，一定不要给老师打电话，否则老师深夜接到电话会很紧张，而且会影响老师休息。

父母要知道，老师也是人，而不是神仙，对于老师而言，当老师只

是他们的职业和理想，而不是他们生活的全部。只要想一想自己不喜欢在什么时间接到关于工作的电话，父母就会推己及人，想到老师也不喜欢在有些时间段接听家长的电话。当然，父母也不要因噎废食，因此就从来不给老师打电话，否则让老师形成一种错觉，即父母对孩子在学校里的情况漠不关心，对孩子的学习也丝毫不重视。父母要主动打电话给老师，而不要等着老师打电话来找父母。只有表现出积极的态度，才是对老师工作的支持，也可以告诉老师我们作为父母的态度。

简明扼要地说，父母在和老师沟通的时候，要坚持以下几个原则。第一，要主动而不要被动，要简明扼要而不要啰里啰唆。第二，要尊重和理解老师，要知道老师除了以教师作为职业和理想之外，还有生活需要兼顾，也有孩子需要照顾。第三，要怀着一颗平常心对待孩子，不要护犊子，更不要在老师批评孩子的时候反驳老师，试问，没有谦虚承认错误的态度，怎么可能积极主动改正错误呢？面对老师，父母要客观评价孩子，这样才能家校一致，帮助孩子解决难题。第四，作为父母要与老师坦诚相见，主动向老师吐露心声。很多父母在和老师沟通的过程中，总是说一些客套话，表现出虚假的热情，这是不可能得到老师真诚回应的。第五，如今，大多数班级里都组成了各种群，当老师在群里说话的时候，很多父母都会附和，当老师发通知的时候，很多父母也都会回复"收到"，这是对老师尊重的表现，无可厚非。作为父母需要注意的是，在牵涉到私人事情的时候，最好私下里和老师沟通，而不要在群里去表达。否则，被其他家长七嘴八舌地评论之后，事情很有可能就会变了味道，也很有可能会引起不良的后果。为此父母在家长群里要谨言

慎行，对于那些有可能引起不良影响的事情最好在私下里和老师沟通，这样彼此才会有更大的回旋空间和余地。

总而言之，家校沟通并非像父母所想象的那么难，父母要摆正心态，坚持主动真诚、理解体谅的原则面对老师，就能得到老师同样的尊重和对待。不管是父母还是老师，都要搞清楚一点，那就是大家的出发点都是为了孩子好，是同一个战壕里的战友，而不是处于对立面的敌人。只要把握好这个大的原则，相信父母和老师之间可以更好地沟通，也可以建立和谐融洽的关系。

以正确的态度对待刚入学的孩子

有一天晚上，笔者正在浏览网络新闻，突然有个平日里经常在一个群里购物的妈妈给我打来电话。在此之前，我们从没有过任何交集，因此看到对方的电话，我还是挺惊讶的，第一时间以为对方一定是不小心拨错了号码，然而又想到大家存储的号码都有姓名，不太可能拨号错误，为此就犹疑地接通了电话。这位妈妈真的是特意找我的，而她想咨询的是关于她女儿的教育问题。

她的女儿才上一年级，在幼儿园的时候表现一切正常，虽然不是老师特别宠爱的学生，但是也没有遭到老师的嫌弃。如今，上了一年级，才第一次考试，就考了个倒数第一，而且成绩还非常差，直接就是不及格。在一年级，大多数孩子都能考到90分以上的情况下，这种情况还是非常罕见的。这位妈妈当即被老师叫到学校去劈头盖脸一通数落，她也的确认识到孩子这样的成绩给老师带来了很大的困扰，毕竟任何老师都不希望自己班级里的孩子个个都考100分。后来，妈妈向老师道歉，也表示会想尽办法把孩子的成绩提升上去。但是当回到家里细细去想的时候，妈妈又疑惑了。对于提升孩子的成绩她很清楚要报名课外班，或者请私人老师，但是对于如何帮助孩子渡过这个难关，她感到非常困惑，她不知道自己应该采取怎样的态度对待孩子。的确，这也是很多父母在对孩子寄予深切的期望，又在孩子上了一年级之后发现孩子原来学习非常糟糕，因而产生巨大的心理落差之后都会出现的状态。

面对一个与父母的期望相差甚远，并且因为学习表现很差而导致父母被老师也狠狠一通批评的孩子，父母应该以怎样的态度面对孩子的学习呢？

首先，父母要意识到这只是孩子一生之中的第一次不那么重要的考试，这次考试失败了，并非代表孩子一直都会失败。孩子的人生非常漫长，未来他们还会遭遇各种挫折和挑战，为此父母一定要对孩子有信心，不要因为一次失败就一榔头把孩子打死，彻底对孩子失望。其实，第一次考试成绩就很糟糕，不但父母非常郁闷，孩子心中也会感到很失落。在这种艰难的时刻，父母最重要的是帮助孩子重振信心，而不是打击孩子的信心。这是每一个明智的父母对待孩子该有的态度，如果父母惊慌失措，或者极度失望，孩子怎么可能气定神闲，正确应对呢？！

其次，父母要对孩子无条件接纳，要想方设法激励孩子，要多多认可和肯定孩子，而不要总是批评和否定孩子。要知道，每一个孩子都

把父母的评价看得至关重要,父母的每一句评价他们都记在心里,也都很用心去思考。为此父母对待孩子要谨慎发表评论,而不要肆意打击孩子,更不要随便给孩子贴标签,否则就会导致孩子一蹶不振,灰心沮丧。而父母对于孩子的全盘接纳,父母真心诚意地帮助孩子,会让孩子更有信心,也会让孩子对人生更加充满希望。

再次,父母不能期望孩子一蹴而就。很多父母都望子成龙、望女成凤,对于教育怀着急功近利的态度,恨不得孩子一蹴而就获得成功。殊不知,孩子非但不能一蹴而就获得成功,还常常会因为内心的忐忑而导致成长速度减慢。当孩子有自卑的表现时,父母如果不由分说就训斥孩子,则只会导致孩子越来越胆小。明智的父母会积极地鼓励孩子,让孩子重振信心。对于孩子不够好的表现,聪明的父母还会假装看不见,这样一来,孩子内心的胆怯会减弱,也会有更好的人生表现。

最后,也是最重要的一点,就是父母要适度期待孩子,不要对孩子提出过高的期望。很多父母总觉得对于孩子的期望越高越好,殊不知,过度的期望会给孩子带来无形的压力,使得孩子在非常努力也无法改变现状之后灰心丧气,甚至彻底放弃。相反,轻而易举就能实现的期望对于孩子而言难度太小,因而无法对孩子起到激励作用。只有适度的期望,让孩子在努力之后就能实现的期望,才会让孩子在实现期望后产生成就感,让孩子有更强大的信心,也让孩子真正证明自己的能力和价值,这对于孩子而言才是最重要的。

孩子的心灵是很稚嫩的,作为父母,要以正确的态度面对孩子,引导孩子,才能陪伴孩子快乐成长。父母既要对孩子怀有期望,也不要给予孩子太大的学习压力，毕竟对于1~2年级的孩子而言，才刚刚踏上系统学习的道路，他们急需形成的是良好的学习习惯，而不是在成绩和分数上与谁一较高下。父母对于孩子的学习也要摆正态度，这样才能坚持正确的原则引导孩子成长，让孩子快乐地学习和生活。

孩子为何怕学习

很多孩子都怕学习，这一点是父母无法理解的，因为父母总是认为对于孩子而言学习是天经地义的事情，是孩子理所当然应该做好的。殊不知，正是父母这样的态度，使得孩子在面对学习的时候内心非常忐忑。对于一个难题，人们解决了会得到赞赏，而对于本来就应该做好的事情，人们如果做不到就会被批评和否定，甚至会被提出各种意见。孩子就处于这样尴尬的境地，父母总是认为学习是孩子的天职，也觉得孩子必须把学习搞好，如果孩子在学习上的表现没有达到父母的预期，父母就会非常失望，这当然是孩子不想看到的。

孩子怕学习，除了担心父母会失望之外，也因为他们的自我认知和评价能力还没有得到完善发展。孩子不能客观地评价自己，也不知道自己的能力到底是强还是弱，为此，他们对自己完全处于心里没底的状态。尤其是一年级的孩子才刚刚踏上系统学习的道路，每天都有学习任务需要完成，每天都要写完作业。当在学习新课的过程中遇到困难的时候，诸如听不懂老师在讲些什么，他们就会感到很害怕；当在完成作业

的时候感到很疲惫，也不能保质保量地按时完成作业，他们就担心会被老师批评。这些，都是孩子恐惧情绪的来源。所以父母不要觉得孩子怕得无厘头，而是要更加理解孩子的心理状态，也体谅孩子的恐惧情绪，唯有如此，才能真正走入孩子的内心，才能给予孩子更好的引导和帮助。

当孩子对学习感到害怕的时候，父母不要急于给孩子讲那些大道理，一则孩子根本听不懂这些大道理，二则这些大道理不能给予孩子有效的帮助。要想尽快帮助孩子平复情绪，父母首先要全盘认可和接纳孩子的情绪，这样一来，孩子得到父母的理解会觉得心里很踏实，至少他们知道父母是坚定不移和他们站在一起打败问题的，而不是和问题站在一起打败他们的。内心的笃定，对父母的信任，是孩子能够坦然面对的一切基础。

父母要给予孩子及时有效的帮助，这样的帮助不是训斥孩子为何这么愚笨，也不是责怪孩子有了问题之后怎么不第一时间求助，而是什么也不要说，引导孩子走向问题的更深处，从而发现解决问题的更多线索。在这么做的时候，父母不要寄希望于孩子能够马上提升成绩，而是要让孩子知道有良好的学习态度至关重要。学习不可怕，重要的是掌握正确的方法，父母就要做那个对孩子授之以渔的人。毕竟在课堂里，老师要照顾到三四十名同学，根本不可能关注到每一个同学，也无法解决每一个同学在学习上的困境。在这种情况下，家校配合好至关重要，父母一定要及时有效地帮助孩子，而不要让孩子带着问题入睡。

父母要鼓励孩子勇敢无畏。很多事情，并不像我们想象中那么可怕，最糟糕的是在还没有真正去做事情的时候，就已经因为胆怯而放弃了，这样一来，虽然暂时避开了失败，也彻底失去了成功的可能性，是最糟糕的结果。父母要鼓励孩子多多尝试，毕竟只有尝试了才有机会，也只有真正去做了才知道自己到底行不行。很多艰难的事情之所以能够大功告成，就是因为坚持一步又一步地去做，而不是好高骛远企图一口吃成个胖子。古人云，千里之行始于足下；又云，不积跬步无以至千里，不积小流无以成江海，每个人要想获得成功，都要先把小事情做好，一点一滴都做得很到位，才能由量变引起质变，才能真正走向成功。

父母一定要记住，不管孩子表现如何，都不要给孩子贴标签。很多父母在对孩子恨铁不成钢的激动情绪驱使下，动辄说孩子很笨，不是学习的材料，没有天赋。这样的话说得多了，孩子渐渐地就会形成错误的自我认知，自己也觉得自己不行，结果越来越不行。好孩子都是夸出来的，父母要有足够的耐心、恒心和毅力，才能夸出真正优秀的孩子来，才能让孩子更加努力进取，无所畏惧地前行。

孩子怕学习没关系，只要父母对孩子有耐心，父母不怕学习，就可以引导孩子在学习方面有所突破，就可以激励孩子拼尽全力去成长。

第4章
学会鼓励，培养一个在校园内自强自信的孩子

每一个孩子要想获得健康快乐的成长，就要更加自信。自信是孩子成长的动力，也是孩子坚持进取的精神支撑。对于父母而言，与其本末倒置先盯着孩子的学习成绩，不如先培养孩子的自信，这样孩子才能始终更加积极主动，才能对于学习和生活始终饱含热情，充满希望。

你的孩子会考试吗

眼看着就要考试了，妈妈觉得佳琪越来越紧张焦虑。自从上了二年级之后，也许是学习的难度增大，佳琪在学习方面的表现非常糟糕，让妈妈很担心。想起在一年级的时候，佳琪每次考试都很轻松，根本不觉得紧张，而且期盼着考试，能够考到100分回家给爸爸妈妈看。但是升入二年级，第一次考试佳琪就受到了挫折，考试成绩下滑很大，非常糟糕。佳琪一蹶不振，虽然父母都告诉佳琪一次考试考不好没关系，但是佳琪还是觉得很紧张。后来一到考试的时候，佳琪总是感到害怕。眼看着佳琪的自信心被打击得体无完肤，妈妈赶紧去学校和老师沟通，希望找到佳琪退步的原因。

看到佳琪妈妈到来，老师说："佳琪妈妈，你来得正好，本来我也想和你沟通一下呢！"妈妈说了佳琪最近在学习上的困惑，老师说："孩子进入二年级，学习难度加大，孩子很难再像一年级那样轻松学习。其实，一年级的考试成绩并不代表什么，因为大多数孩子都可以考到九十几分、100分。所以，真正拉开差距是从二年级开始的。二年级，数学学习难度增大，语文的难度也提升，对于孩子而言是一个很大的挑战。孩子的语文成绩再也不可能像一年级那样容易得高分，100分也很少出现。在这个阶段，父母要引导孩子以平常心对待考试，也要帮助孩子分析成绩下滑的原因，从而有的放矢地帮助孩子提升。唯有如此，孩子

才能够有效提升，才会有更加快速的成长和表现。"在老师的一番分析之下，妈妈觉得很有道理，回到家里，帮助佳琪一起分析了学习上的变化，而且认真分析了试卷，学习如何考试。渐渐地，佳琪适应了二年级的学习生活，学习成绩也得以提升。

很多孩子都不会考试，原因是多方面的，为此他们表现出焦虑的状态，不知道如何才能把学习成绩提升上去，也不知道如何才能在考试中取得好成绩。实际上，孩子要想缓解焦虑，学会考试，就要做到以下几点。

首先，要端正学习态度，坚持正确的学习动机，而不要把成绩看得那么重要。对于孩子而言，成绩固然能够代表他们在一个阶段里的学习情况，但是并非学习的全部。尤其是对于小学低年级的孩子而言，更重要的是要有正确的学习态度，养成良好的学习习惯，这样才能在学习上进入良性发展的状态。在孩子成绩出现波动的时候，父母也要怀着正确的态度面对孩子的成绩，而不要过分看重成绩，否则就会加剧孩子的焦虑和紧张，使得孩子在考试的时候无法正常发挥。

其次，孩子面对学习表现比自己好的同学，也会感到紧张。幼升小阶段，很多父母都想方设法把孩子送入更好的学校，就是所谓名校，却没有考虑到孩子的实际情况。这样一来，如果原本学习成绩普通的孩子面对高手如林的同学，则他们就会产生巨大的压力，也会在考试的时候发挥失常。所以父母不要总是削尖了脑袋把孩子送到名校，而是要选择最适合孩子的学校。对于孩子，父母也不要期望太高，否则就会给孩子带来很大的心理压力，导致孩子担心无法达到父母的预期，而在面对考试的时候紧张焦虑，无法从容面对。

最后，还有的孩子不会考试，是因为他们此前从未有过考试的经验，也不知道考试为何物。为此，他们面对考试心里完全没底，也会非常担心和恐惧。实际上，当父母告诉孩子考试的目的，也让孩子了解考试的方式，孩子就会对考试做到胸有成竹，也会对老师有更加从容客观的态度。从本质上而言，考试就是对孩子学习成果的检验，考试能够取得好成绩当然很好，如果不能取得好成绩也没关系，因为针对考试中暴露出来的问题查漏补缺，可以获得更好的成长和更多的收获。

父母首先要关心的不是孩子是否能够取得好成绩，而是孩子是否会考试。只有教会孩子学习方法，让孩子更加理性从容地面对考试，孩子才能获得更快速的成长，才能在学习上事半功倍。

如何帮助孩子缓解考试焦虑

要想帮助孩子缓解考试焦虑，除了要教会孩子什么是考试，如何应付考试之外，还要帮助孩子以更加正确的态度面对考试，增强考试的能力。对于每个孩子而言，都必然要经历考试，只有让孩子知道考试是对于某个阶段学习成果的检验，目的是给孩子查漏补缺，孩子才会更加理性地面对考试，才能渐渐地以平常心对待考试。

如今，很多父母对于孩子的学习都抱有急功近利的态度，恨不得让孩子一蹴而就获得成功，马上就能出人头地。在这样的全民教育焦虑状态中，父母很容易就会因为糟糕的心态而影响孩子，也会对孩子的成长

造成不同程度的困扰。只有父母端正心态，孩子才会得到正确的引导，才会有更好的表现。学习的目的是掌握知识，考试只是检验孩子在学习知识之后能否做到完全掌握。孩子还小，学习能力有限，不能做到对知识完全掌握也是情有可原的，父母只有尊重孩子，及时引导孩子摆正学习态度，端正学习目的，才能够激励孩子健康快乐地成长。除了要告诉孩子考试的目的之外，父母更要以实际行动来引导孩子。

这次考试，佳琪因为一些很简单的题目做错了，导致数学成绩很糟糕。对于佳琪的表现，妈妈非常生气，虽然一直以来她都告诉自己不要只是盯着分数看，但是看到佳琪这么粗心，把本应该学习好的知识点也都掌握错误，她还是对佳琪火冒三丈，不假思索地质问佳琪："佳琪，你怎么回事？把这么简单的题目都做错了，自己不觉得羞愧吗？"佳琪刚想向妈妈解释，妈妈不由分说又批判佳琪："我对你的表现真是失望透顶，还有你这么糟糕的学生吗？"佳琪哭起来。后来很长一段时间她都非常沉默，原本已经好转的考试紧张和焦虑状态，又再次出现。

在这个事例中，面对佳琪不尽如人意的成绩，妈妈从未给佳琪指出错误，而只是在批评和指责佳琪，训斥佳琪。不得不说，这样过分看重分数，只会让佳琪内心更加紧张和焦虑，也对学习成绩变得更为重视。作为父母，我们在教育孩子的时候一定要弄清楚自己的目的，所谓不忘初心方得始终，如果父母总是盯着孩子的成绩，而忽略孩子的成长，则孩子在成长的过程中一定会迷失自我。父母要牢记教育孩子的本心，那就是为孩子指出错误，督促孩子健康快乐地成长，更加卓有成效地学习，而非仅仅是为了批评孩子，更不是为了给孩子糟糕的学习体验。

尤其是面对那些非常敏感的孩子，父母更是要避免在孩子面前提到分数和名次。只有让孩子端正学习态度，激发孩子学习的信心和欲望，孩子才能在学习方面表现更好。这也是如今很多学校里都不允许在考试之后进行排名的原因，就是害怕会伤害孩子的自尊心和自信心，导致孩子对于学习失去希望。现实生活中，也有些父母总是喜欢把孩子拿来比较，实际上一味地把孩子和其他孩子进行比较并不公平，因为每个孩子都截然不同，而且他们的生活经历、家庭背景等各方面的条件也不相同。为此，父母要学会把孩子进行纵向比较，也就是把孩子的今天和孩子的昨天进行比较，看看孩子是否有进步，这样一来，孩子才会更加有信心，也因为进步得到父母的认可而感到充满力量。

俗话说，书山有路勤为径，学海无涯苦作舟。对于孩子而言，考试尽管没有捷径可走，却有技巧可以使用。作为父母，我们要引导孩子发现考试的方法。很多孩子在考试过程中一旦看到不会做的题目就会紧张慌乱，也因此陷入被动状态。父母要告诉孩子考试过程中遇到难题是正常的，最重要的是要摆正心态，把会做的题目先做完。也有些低年级孩子因为贪玩，在考试过程中同样会走神，为此父母还要教会孩子节省时间，这样孩子才能争分夺秒完成试卷。在做完试卷之后，如果还有时间，还要告诉孩子认真检查。这样一来，孩子才能圆满完成试卷，才能取得更好的成绩。总而言之，学习对于孩子而言是一项长期的工作，父母不要急功近利，而是要有的放矢地引导和帮助孩子，这样才能让孩子渐渐地爱上学习，对于考试也可以从容面对。如果孩子总是紧张焦虑，就算平日里学习表现非常好，也根本不可能真正做到优秀和出类拔萃。

帮助他人，也快乐自己

对于一年级的新生而言，除了在学习上需要适应之外，人际交往也是一个很大的挑战。在幼儿园阶段，孩子主要在老师的组织下一起进行游戏活动，参与集体生活。进入小学阶段，老师的主要任务就是教学，就是帮助孩子学习，对于孩子其他方面的帮助和引导会减少。而且，进入小学阶段后，随着身心发展，孩子也理所当然要学会独立。而孩子独立的一个重要标志，就是学会与同学们相处，开始独立发展属于自己的社交关系。

很多孩子进入一年级很不适应，是因为他们总是不知道如何与同学们相处。如今，很多孩子都是独生子女，从小就习惯了全家人围绕着自己转，渐渐地也就误以为自己就是宇宙的中心。殊不知，在走出家庭走入学校之后，他们就会发现与他人相处很困难，老师与同学不会像父母一样对待他们。为此，他们会感到非常失落，也会在很多时候与他人发生冲突。作为父母，要有的放矢地引导孩子成长，教会孩子助人为乐，这样孩子才能与人和谐相处，才能坚持成长，茁壮快乐。

俗话说，赠人玫瑰，手有余香。很多时候，我们友善地帮助别人，实际上也是在帮助自己。当孩子形成正确的思想，也积极地帮助他人，就相当于帮助了自己，也给了自己更多的可能性。遗憾的是，总有很多父母害怕孩子吃亏，为此在教育孩子的时候，让孩子防范吃亏，而让孩子更多地占便宜，却不知道，有的时候吃亏就是占便宜，而占便宜反而相当于吃亏。那么，乐于助人到底有哪些好处呢？孩子也许一时之间无

法对此有充分的理解，作为父母，我们就更要积极地引导和帮助孩子，循序渐进告诉孩子其中的道理。

首先，在帮助别人的同时，我们自己可以变得更加完善。一个人只有具备相应的能力，才能帮助他人，而只有热心是远远不够的。在帮助别人的过程中，孩子会增强自己的能力，也会让自己变得更加强大。举个简单的例子，当同学因为身体不舒服而缺课的时候，孩子去给同学补课，看起来耽误了自己的学习时间，实际上他们在给同学讲解所学新知识的同时，自己也可以再次复习所学习到的新知识，从而起到加强和巩固的作用。此外，孩子都是好为人师的，知道自己要去给同学上课，在听课的时候也就会更加认真，做课堂笔记也更加认真仔细。由此一来，他们自己对于知识的掌握就会更加牢固，对于知识的理解也会更加深入。偏偏有的父母不这么看，他们觉得孩子花费宝贵的学习时间去给其他同学补课，将来这个同学就会成为孩子的竞争对手。殊不知，这样的想法会给孩子带来极其恶劣的负面影响，也会导致孩子变得很自私和狭隘。明智的父母会激励孩子帮助同学，做好人好事，这对于孩子的成长有很大的好处，还有助于孩子与同学之间形成友好互助的关系，可谓一举数得。

其次，孩子在乐于助人的过程中，可以得到同学的尊重。马斯洛的需求层次理论告诉我们，每个人在满足了自身的基本生理需求之后，都有更高层次的精神和情感需求需要得到满足。孩子在助人的过程中，获得了尊重，获得了信任，这就满足了他们更高层次的精神需求，也可以让他们获得更多的自信，显然会让他们在成长过程中更加动力满满。

最后，孩子在帮助他人的过程中，会更多地体谅他人的辛苦，也会变得更富有爱心。在整个人类社会中，每个人都是息息相关的，也许孩子的付出不会马上得到回报，但是他们的爱会在人与人之间得以流转。怀有感恩之心，这是大多数父母教养孩子的目标之一，但是孩子的感恩之心并非与生俱来的，而是要在长期的学习和坚持进步的过程中，逐渐形成的。总而言之，人生短暂，爱与被爱都是非常美好的事情，帮助别人和被人帮助，也都是值得庆幸的。作为父母，我们一定要更加理性面对孩子，给予孩子积极有效的引导和帮助，而不要总是误解孩子，更不要以错误的自私思想耽误孩子成长。对于1~2年级的孩子而言，除了要让自己不断进取和成长之外，还要让自己的内心更加充实和美好，这才是至关重要的。

不要让孩子误以为自己是全家的中心

自从1980年推行独生子女政策以来，到2015年取消独生子女政策，在漫长的30多年时间里，有很多独生子女诞生，而且最早的独生子女一代也已经为人父母。在一个家庭里，如果父母本身就是独生子女，又养育了一个孩子，那么就会出现很特殊的家庭情况，即4-2-1的家庭结构。也就是四个老人看着一对夫妇，再和这对夫妇一起看着一个孩子。可想而知，这个孩子必然得到长辈所有的关心与爱护，也会习惯于无忧无虑、衣来伸手、饭来张口的生活，甚至误以为自己就是全家的中心。不

得不说，这样以自我为中心的思想，会给孩子的成长带来很大的困惑，尤其不利于孩子的社会交往。

前文说过，要培养孩子乐于助人的好习惯，这样才能让孩子对世界心怀感恩，才能与身边的人搞好关系。然而，如果孩子觉得自己就是宇宙中心，理所当然要得到所有人的谦虚礼让和关心爱护，那么渐渐地他们就不会与人为善，而是会常常情不自禁地给予自己更多的关注，而忽略了别人的感受和需求。有些孩子还会因此而对他人提出苛刻的要求，这显然是不利于孩子发展人脉关系、丰富人脉资源的。在这样自私狭隘的思想引导下，孩子当然不会积极主动地付出爱心，也不会全力以赴做好自己，助力他人。

毋庸置疑，一个人要想帮助他人，必然要付出时间和精力，有的时候还要承担一定的损失。如今的孩子大多数都是独生子女，习惯了接纳和索取，而对于付出，也许在思想上有一定的认知，但是在行动上很难坚持去做。这是因为他们心中只有自己，只关心自己的得到和失去，而对于身边的人漠不关心，对于他人的需求也毫不在意。对于始终对自己慷慨付出的父母，他们也往往表现出冷漠的一面，这显然是父母不想得到的结果。要想避免孩子自私冷漠，父母就要引导孩子对他人充满热情，经常主动关心，也能够在必要的时候慷慨地对他人伸出援手。这样一来，孩子才会渐渐地形成互助友爱的良好习惯，才能在成长过程中变得更加成熟，内心充满温情。很多父母会羡慕别人家的孩子对父母非常孝敬，也充满友爱，实际上孩子的爱心并非天生就有的，而是在后天成长过程中，经过父母引导才渐渐形成的。作为父母，要激励孩子，也要

给予孩子更多的爱与关注,这样才是对孩子真正负责的态度。

首先,父母要改变溺爱孩子的坏习惯。很多孩子骄纵任性,凡事以自我为中心,就是因为他们始终都能得到父母无微不至的爱与关心,不管有什么需求,也总是被父母第一时间无条件满足。显而易见,这样的成长对于孩子而言是很糟糕的体验,这样的溺爱也真正害了孩子。明智的父母会从小就引导孩子乐于助人,积极地付出,而不会肆意娇纵和宠溺孩子,更不会让孩子理所当然地享受所有人的帮助和爱护。

其次,要让孩子对父母怀有感恩之心,也能慷慨帮助他人,父母要引导孩子设身处地为他人着想,这样孩子才能摆脱以自我为中心的坏习惯,才能更加有的放矢地增强自身的能力,让自己变得更加勇敢坚强。一言以蔽之,就是要换位思考。不得不说,换位思考是一个非常形象的词语,可以教会孩子更加理解他人,也可以帮助孩子真正做到理性、主动。毕竟,每个人都是这个世界上特立独行的生命个体,每个人都有自己的苦衷,也有自己的成长经历。作为父母,要有的放矢地帮助孩子成长,也要给予孩子更多的空间去选择。真正好的教育,是在引导孩子之后,让孩子自主选择,而不是任由孩子误打误撞,也不是任由孩子自行其是。当孩子真正学会换位思考,能够设身处地站在他人的立场和角度上思考问题,则他们就会更加成熟,更加快乐,人生的情感变得丰富,人生的经历变得深刻。

最后,父母要以身示范,给孩子树立积极的榜样。很多父母虽然教育孩子,却不能给予孩子积极的榜样作用。他们总是告诫孩子要乐于助人,而没有给孩子作出真正的示范,这样一来,孩子当然会变得很迷

惘。尤其是有些父母对于孩子的教育是一套原则，真正轮到他们去做的时候，他们又是另外一种样子。这样的双重标准，这样的言行不一致，会让孩子非常懊恼，也会导致孩子失去自信，变得尴尬和无奈。父母是孩子的第一任老师，也是孩子最好的老师。作为父母，对孩子的身教作用大于言传，身教孩子的引导和帮助将会收获最佳的效果。

父母的信任，是孩子最大的动力

艾米从幼儿园进入小学，一开始感到很不适应，因为没有像其他同学那样上过学前班，所以她坐在教室里愣怔怔的，无法集中注意力，也不知道老师说的是什么，常常走神，不知所措。对于艾米的表现，老师几次反馈给妈妈，妈妈很担心，也很着急，却不知道该怎么办。每天下午放学的时候，老师布置好家庭作业，艾米总是不知道记，害得妈妈每天傍晚都要打电话问同学的父母家庭作业是什么。妈妈甚至后悔为何不让艾米晚一年上学，这样艾米也许就不会这么被动了。

第一次考试，艾米让妈妈彻底崩溃，原因是艾米交了空白试卷，在试卷上一个字都没有写。对于艾米的表现，妈妈根本想不明白：就算学习再差，也不可能一个字都不会写吧？详细询问之下，艾米告诉了妈妈原因。原来，她一开始看不懂题目，后来老师读题的时候她在玩铅笔，为此就什么都没有写。实际上，根本原因在于艾米压根不知道考试为何物，不知道考试的重要性，也就对考试不以为然。得知原因，妈妈开始

引导艾米，告诉艾米什么是学习，什么是考试。幸运的是，艾米有一个好妈妈，尽管艾米考试一塌糊涂，妈妈也没有觉得艾米是差生，而是非常耐心地引导艾米。有的时候，老师因为艾米表现实在太糟糕，还会向妈妈发牢骚，妈妈都独自承受下来，而给予了艾米极富耐心的引导。艾米交白卷的那次，妈妈没有批评艾米，而是对艾米说："艾米，老师表扬你遵守纪律，一直都很安静，没有影响其他同学考试。"让妈妈惊喜的是，在得到妈妈的认可和赞赏之后，艾米的课堂表现好多了，虽然还是很容易走神不听讲，却从来不会影响其他同学。渐渐地，在妈妈更多的赞赏之下，艾米渐渐地开始认真听讲，对于作业也很用心地完成。妈妈长吁一口气：艾米只是开窍比较晚，根本不是笨孩子，还是有学好的天赋。到了二年级，艾米已经成为班级里的上等生，学习表现非常好，而且很有信心和韧性。

在这个事例中，艾米很幸运，有一个欣赏她的好妈妈。不管她在学习上的表现怎样，妈妈都始终认可和欣赏她，也总是能够坚定不移地站在她的身后，成为她最坚强的后盾。父母的信任，是孩子最大的动力源泉，作为父母，一定要更加尊重和认可孩子，千万不要觉得1~2年级的孩子没有学习的天赋，就放弃引导孩子。如果父母都放弃了，孩子还怎么可能获得成功呢？最重要的是，父母要有信心，有的放矢地分析孩子考试成绩不好的原因，这样才能激励孩子不断进取，也让孩子有针对性地改善学习情况，获得更好的成长。

事例中的艾米正是人们常说的开窍晚，所以她不知道要积极主动地学习，也不知道什么是听讲，什么是考试，为此对于学习和考试都带

着漫不经心的态度。妈妈在发现问题根源之后，耐心地引导艾米，也总是激励艾米，最终帮助艾米找到学习的状态，也激励着艾米不断努力上进。还有些低年级孩子学习成绩不好，则是因为父母过于轻视低年级的学习，父母本身也沾染了一些恶习，对于孩子的学习完全不放在心上。为此父母首先要端正态度，知道低年级虽然学习的内容很简单，但正是孩子打基础的时候，对于孩子的学习要更加慎重对待，决不能疏忽大意。

还有很多低年级的孩子没有掌握学习的方法。要想解决这个问题，就需要老师和父母双管齐下去努力。孩子不知道如何学习，常常会陷入学习的被动状态，也会因此而变得困惑和无奈。对于孩子而言，一定要更加积极主动，才能全力以赴做到最好。古人云，授人以鱼不如授人以渔，父母和孩子，都要全力以赴争取做到最好，才能在成长的道路上不断地进取，才能在人生的旅程中持续进步。当然，在此过程中父母要保持耐心，要知道孩子的成长不是一蹴而就的，为此要对孩子抱有耐心，也要给予孩子积极的帮助和有效的引导。唯有如此，父母与孩子才能携手并肩，快速成长与前进。

第 5 章
消除焦虑，别让点滴难题困住孩子前进的勇气

孩子在成长的道路上，必然要遇到很多困难，尤其是在刚刚幼升小的一年级阶段，孩子需要适应小学和幼儿园的不同，而且要面临学习上的很多障碍。在这种情况下，父母要成为孩子坚定不移的支持者，帮助孩子减轻焦虑，让孩子更加有的放矢，勇往直前。

教会孩子拥有学习自信

瑶瑶正在读小学二年级，对于学习非常排斥，每天早晨起床都非常困难，而且起床之后总是想出各种理由和借口，推迟起床，不愿意去学校。看着瑶瑶的样子，妈妈感到很生气，也很着急，却无可奈何。

瑶瑶不但起床困难，而且放学之后还常常磨蹭着不愿意写作业。每天放学回到家里，她不是要玩，就是说饿了要吃东西，或者看一会儿电视。为了督促瑶瑶写作业，妈妈不知道用了多少办法，但是都没有很好的效果。好不容易盯着瑶瑶坐到了书桌前，瑶瑶又总是会说自己要上厕所，总而言之就是不愿意打开书本，就是不愿意老老实实坐在书桌边写作业。对于瑶瑶的表现，妈妈头痛不已，恨不得代替瑶瑶去学习。

很多孩子都和瑶瑶一样，排斥和抵触学习，不愿意去学校，不能专心听讲，也无法做到全身心投入写作业。每当孩子出现这样的情况时，父母先不要急于解决孩子的听讲、写作业等琐碎的问题，而是要让孩子意识到学习的意义，激发孩子的学习自信。了解孩子身心发展规律的父母都知道，孩子在童年时期自我认知水平发展不够高，为此他们往往无法准确认知自己，而常常会在学习上面临很大的困境。对于孩子的表现，父母要有的放矢地客观评价，而不要随意批评孩子，更不要对孩子的成长起到负面的引导作用。父母要谨慎评价孩子，因为1~2年级孩子大多缺乏自我评价能力，会把父母的评价作为自我评价，为此父母最重要

的是引导孩子找到自信，而不要让孩子误以为自己什么都不行。

　　从心理学的角度而言，孩子应该对自己的学习能力有一个客观中肯的评价，有正确的自我直觉。这样的评价是比较稳定的，往往决定了孩子在学习上是否有充分的自信。简而言之，就是孩子会判断自己能否在学业上有所成就，能否在考试中获得好成绩。孩子只有正确认知自身的学习能力，知道自己是否擅长学习，才能更好地成长和发展，才能对待学习有的放矢。很多细心的父母都会发现一种奇怪的现象，那就是孩子越是学习成绩好，越有信心，因而进入学习的良性循环状态，往往表现更好。而孩子如果学习成绩不好，就会失去对于学习的信心，也会因此进入学习的恶性循环，导致在学习方面非常被动。作为父母，当然希望孩子能够进入学习的良性循环之中，在学习方面事半功倍，形成充足的自信。

　　学习方面的自信，取决于孩子的学习表现，如在学习过程中的心态，对于学习的态度、兴趣等，对学习有兴趣，孩子在学习方面才会有更好的表现，才会更有信心。在1~2年级阶段，父母除了要引导孩子形成学习的良好习惯之外，还要帮助孩子发展学习方面的自信，让孩子在学习方面取得快速的成长，真正建立自信。总而言之，父母对孩子的影响很大，不但对孩子言传身教，而且对于孩子的成长能够起到决定性的推动作用。作为父母，不要只顾着照顾孩子的吃喝拉撒，更是要照顾孩子的自信心，激发孩子对于学习的动力，这样孩子才能充满动力，信心满满，在人生的道路上不断地前进。

教会孩子识字写字

在小学阶段，尤其是中低年级段，孩子的一个重要任务就是要学会识字。在一年级，主要是学习拼音打基础，也学习一些简单的基础性生字。而到了二年级，孩子学习的生字难度有所增长，为此孩子常常会感到困难，也会因为识字写字而承受很大的压力。孩子在认字的时候往往会出现他不认识字，而字却认识他的尴尬情况，写字更是花样百出，总是笔顺不对。有的时候，父母看到孩子写字那么困难，恨不得能够代替孩子去写字。然而，孩子识字写字都是急不来的，因为孩子的手部肌肉发育还不够完善，父母更应该给予孩子积极的引导和帮助，等待孩子渐渐成长，能力越来越强。

很多父母看到孩子识字慢，写字困难，总是很心急：孩子才上二年级，就跟不上趟，将来到了中高年级，学习任务越来越重，如何能够跟得上呢？的确，字就像是孩子建筑知识大厦的砖瓦，如果孩子不能做到正确识字和写字，不能打好知识的基础，将来再学习更深的知识一定会感到很困难。然而，孩子识字写字真的是急不来的，而是要根据孩子的认知能力和水平一步步发展的。在小学阶段，孩子的识字量很大，要掌握2500个常用汉字，不但要能够读出来，还要能够写出来，了解各自的含义。而在1~2年级，就要认识至少1600个汉字，不得不说，1~2年级的识字任务还是很重的。识字对于孩子的学习有至关重要的意义，孩子只有识字，才能把字准确读出来，也只有识字，才能读书，自主学习。如果不能识字，一个人就会像是睁眼瞎一样，看到字而没有任何感触，也

没有收获，这当然是很糟糕的。为此，父母要想方设法帮助孩子识字，这样孩子才能更准确地把字读出来，才能顺畅地阅读。其实，识字还有另外一个好处，那就是让孩子从不认识一个字到认识一个字，可以产生强烈的自信，也认为自己在学习方面会有所收获，有更好的成长。

具体而言，父母要怎么做才能帮助孩子增强识字能力，更加准确地认字读书呢？

首先，父母要把识字的好处都告诉孩子。例如，孩子以后不用父母讲故事，而是可以独立看书，在生活之中，还可以通过认字知道一个地方是做什么的，一个产品怎么用。这样一来，孩子当然会很有成就感。以这样的方式激发孩子识字的兴趣和热情，孩子才会对于识字更加有动力。

其次，父母要掌握几种识字的好办法。中国汉字是表意文字，博大精深，父母可以把字编到故事里，以讲故事的方式教会孩子识字。曾经有专家指出，父母在给孩子讲故事的时候，不要总是一味地讲，而是要用手指着书本给孩子讲，这样一来，孩子就能够把读音和字对照起来进行识别，日积月累，识字能力也就会越来越强。此外，父母还可以让孩子适度看动画片。通常情况下，动画片都是有字幕的，如果孩子在看动画片的过程中，一直看着字幕，那么也会认识很多字。如今，还有各种各样的识字辅助工具，父母都可以帮助孩子学习使用。在日常生活中，也可以借助于各种机会教会孩子认字。常言道，处处留心皆学问，对于孩子学习生字而言正是如此。

再次，根据生字本身的特点，有的放矢地教会孩子认字。中国汉字是表意文字，又分为形声字、象形字等。例如，人就是象形字，人有两条腿，这样站立着，就是大写的人。林，就是会意字，独木难成林，双木才成林，而当树木更多的时候，就会变成森。这样引导孩子去认识生字，记忆生字，效果往往更好。此外，有些生字之间还会有一些联系，可以通过生字之间的微妙联系，把生字串联起来，变成一连串。这样一来，孩子就可以通过识别记忆一个字，而认识更多的字。例如，木字旁的字有林、树、枝、松、柏等。大多数木字旁的字都是和木有关的，父母这样的引导也将有助于孩子进行生字识别和记忆。

最后，还可以通过已经认识的字，来识别和记忆新学会的字。例如，在学习梅的时候，告诉孩子每天的每加上木字旁，就是梅。加上三点水旁，就是海。加上言字旁，就是诲人不倦的诲。这样一来，孩子把新学会的字和此前已经掌握的字联系在一起，更便于记忆，也更有助于孩子成长。

当然，这里所说的只是孩子识字的大概方式，作为父母，不管要采取怎样的识字方式，都应该以孩子的身心发展为基础，这样一来，才能够因材施教，让自己的教学方法对孩子起到积极的引导作用。

识字是1~2年级孩子面临的一个难关，父母一定要引导和帮助孩子，也要想各种方法启迪孩子的思路。对于孩子而言，只有学会识字，才能获得更好的学习效果，也只有学会识字，才能让自己更加快速地学习更多的知识。识字对于孩子而言是非常重要的，孩子从识字到写字，需要付出很多的时间和精力，父母也要有耐心引导孩子，陪伴孩子。

怎样从不会到会

虽然在1~2年级里，孩子主要以识字为主，所学习的知识相对简单，但这是与孩子的智力发展水平相适应的。为此作为父母，不要觉得孩子学习的都是小儿科的东西，非常容易，就对孩子的学习掉以轻心，或者当孩子学不会的时候就指责孩子。作为父母，要了解孩子在特定年龄阶段的身心发展水平，从而对孩子提出适度要求，而不要总是过度要求孩子，甚至从成人的角度来观察孩子的成长和进步。毕竟对于成人而言很简单的知识，对于孩子而言则是很难的，父母一定要了解这一点，从而避免误解孩子，也避免过度催促和苛责孩子。

孩子的智力发展水平有限，作为父母，要设身处地为孩子着想，也要有足够的耐心等待孩子各方面的水平和能力都得以提升和发展。如果父母过于急功近利，总是对孩子过分挑剔和严格要求，孩子就会感受到巨大的压力，也会因此而乱了方寸和阵脚，结果非但没有良好的表现，反而会表现很糟糕，导致学习更加退步和落后。因此对于父母而言，如何陪伴孩子从不会到会，这是一个漫长且艰难的过程，需要父母对孩子有爱心、耐心，也要有智慧。

瑶瑶最近开始学习认识时间，但是她根本分不清楚时针、分针和秒针，为此总是无法准确认识时间。从瑶瑶开始认识时间之后，小脸蛋上的笑容就越来越少。原来，父母总是不由分说就把瑶瑶拉到闹钟前面，让瑶瑶认识时间。这让瑶瑶感到压力山大，因为每次回答错误，她都会被爸爸妈妈狠狠批评一通。渐渐地，瑶瑶越来越压抑和被动，甚至看到

闹钟或者时钟就开始有心理阴影了。有的时候，爸爸妈妈越批评瑶瑶，瑶瑶越糊涂，对于原本能够勉强说对的小时，也都说错了。这让爸爸妈妈哭笑不得，不知道瑶瑶为何这么愚笨呢！

一个偶然的机会，爸爸听到一位教育专家的讲座。在讲座里，专家说："有些父母常常会以成人的办法和孩子沟通，而丝毫没有意识到孩子的理解能力有限，未必能够听得懂成人的表达。为此，父母要以孩子能够听懂的语言告诉孩子，只有做到简明扼要，才能给予孩子最好的成长和帮助。"爸爸茅塞顿开，他再也不和瑶瑶讲那些大道理，而是简单明了地告诉瑶瑶："时针走过几点，就是几点。然后再看分针走了几个格子。走了几个格子，就说明过去了多少分钟。"虽然这是个笨方法，但是可比让瑶瑶计算每个数字之间是五分钟来得容易，为此瑶瑶进步很大，很快就能准确说出小时和分钟数。随着对于时间的识别越来越熟练，渐渐地，她就可以把时间很快读出来了！看着瑶瑶终于认识了时间，爸爸如释重负，也深刻反思自己：不要抱怨孩子愚笨，只是父母不会教而已。

作为父母，我们千万不要让孩子被知识难点难住，如果孩子一次被难住，下一次再遇到难题的时候，就会非常紧张被动，也会因为不知道如何解决难题，而变得缺乏信心。尤其是对于1~2年级孩子的父母而言，帮助孩子提振信心，形成学习的好习惯，是很重要的。很多孩子之所以自卑，就是因为在学习新知识的时候没有及时掌握，而且因此被父母嫌弃，他们才会陷入自卑的深渊。

父母不要从自身角度觉得知识很简单，就认为孩子也必须马上掌握新知识。想一想自己一年级的时候是怎样的表现，就能更加理解孩子，

才能给予孩子积极的引导和帮助。作为父母，先不要急着批评和否定孩子，唯有有的放矢地引导孩子，也想方设法让知识深入浅出，还要以孩子能够理解的表示方式与孩子交流和沟通，才能给予孩子最有效的帮助。

孩子需要你别出心裁的帮助

每当孩子在学习方面遇到困难的时候，很多父母总是不由分说地抱怨孩子很愚笨，也会觉得孩子孺子不可教。实际上，孩子不是孺子不可教，只是父母没有找到合适的方法教授孩子，所以导致教学效果不好而已。在学校里，老师要面对几十个孩子，很难针对每个孩子特殊的情况对孩子因材施教，为此作为父母，不要把教育孩子的重任全都放在老师的肩膀上，而是要在了解自家孩子身心发展特点的基础上，想出更特别的方法对孩子进行别出心裁的教育和引导，这样一来，孩子说不定就会茅塞顿开，在学习方面有快速的成长和更大的进步。

1~2年级的孩子，还是以形象思维为主，而抽象思维刚刚得到发展。当然，每个孩子的形象思维水平是不同的，抽象思维能力发展速度更是有差异。有些孩子各方面能力发展很迅速，为此成长很顺利，接受和理解新知识都会很容易。而有些孩子各方面能力发展相对缓慢，在这种情况下，他们就很难理解抽象的内容。作为父母，要认识到孩子的个体差异，而不要对于每个孩子都是同样的高标准和严要求。换言之，就是要尊重孩子成长的规律，也要以孩子的特点为出发点，从而给予孩子与众

不同的帮助。正如一位伟人曾经说过的，不管是黑猫还是白猫，只要能抓住老鼠的就是好猫。同样的道理，不管是什么方法，只要是能够帮助孩子了解新知识的就是好方法。为此，作为父母要以改善孩子的学习效果为目的，采取发散性思维，打破墨守成规，给予孩子更积极的引导和更有效的帮助。

自从进入二年级，学习的生字越来越复杂，瑶瑶在认字方面就面临很大的困难和障碍。眼看着班级里其他孩子学习表现都很好，而瑶瑶却相对落后，妈妈很着急，一则担心孩子学习进度跟不上，二则害怕孩子的自信心受到损害。为此，妈妈绞尽脑汁想办法。一个偶然的机会，妈妈发现瑶瑶在看绘本的时候遇到一个生字，自从问过妈妈这个生字的读音和意思之后，瑶瑶很快就记住了。瑶瑶的表现让妈妈茅塞顿开，妈妈把瑶瑶的很多绘本上都标注上相应的生字，从而让绘本图文并茂，而且有情节。果然，瑶瑶用这种方式认字很快。

妈妈对这个方法如获至宝，又给瑶瑶买了一些图文并茂的书，这些书上不但有文字，而且标注有拼音。以前，瑶瑶要想听故事就是让妈妈讲，现在她自己也可以看绘本了。为此，她读书的热情越来越高涨，最终爱上了阅读，识字再也不成问题了。

在这个事例中，妈妈终于找到了帮助瑶瑶识字的好办法。对于瑶瑶而言，这的确是个非常好的办法，而且卓有成效，为此妈妈可以经常使用，让瑶瑶一直对识字保持高涨的热情，从而通过有拼音标注的书籍来提升瑶瑶的识字能力和阅读水平。

除了让孩子阅读之外，还可以把知识画出来。孩子不但面对识字

的难题，在数学方面，也开始进行简单的计算。这种情况下，如果孩子不能了解相加或者相减的含义，父母还可以用图形的方式给孩子示意。未来随着孩子不断成长，还可以画线段图解决问题，当然前提是孩子要有解题的思路作为基础。其实，图形的方式不仅适用于数学，也同样适用于语文。例如，孩子学习古诗，却不明白诗中的意境，这种情况下父母可以找各种情境相符的图片给孩子看，或者让孩子自己去把想象中的情境画出来。通常情况下，低年级孩子对于图形的记忆能力远远超过对于文字等抽象内容的记忆能力，为此当孩子记住相关的图片，脑海中能够呈现出相应的情形，他们也就自然而然地记住了更多的东西。总而言之，孩子的成长离不开父母的搀扶。作为父母，不仅要满足孩子吃喝拉撒等各个方面的需求，也要给予孩子的学习以更多的助力。如果孩子无法想出有效的学习方法，父母就可以帮助孩子想更好的方法，这样一来，孩子才能健康快乐地成长，未来才会有更好的发展和成就。作为父母，我们千万不要觉得1~2年级的学习内容简单，因此就对孩子的学习掉以轻心。只有更加积极地帮助孩子，引导孩子，启迪孩子，父母才能给孩子更大的助力，才能让孩子的成长更加顺利。

有的放矢，激励孩子成长

孩子不可能在学习上始终都一帆风顺，他们总是会遇到各种各样的困难，也常常会因此而变得更加苦恼和无助。尤其是孩子还没有形成正确自我评价和认知能力的时候，就更容易受到打击，为此父母要学会引导和激励孩子，这样才能让孩子更加勤奋学习，快乐成长。毋庸置疑，每一个父母都希望孩子能够快速成长，获得更大的进步和更多的收获，偏偏孩子在学习上遇到困难，非但止步不前，还常常会出现退步的情况。不得不说，这是非常糟糕的，也常常会让父母抓狂。然而，如果父母不能摆正心态面对孩子，则孩子常常会因为父母的不正确态度而陷入更大的困境。父母要相信，1~2年级没有学困生，只是孩子还没有掌握方法而已。因而父母要积极地激励孩子，也要激发孩子对于学习的兴趣，帮助孩子掌握学习的方法。这样一来，才能真正帮助到孩子，才能让孩子在学习中有更好的表现。

孩子学习表现不佳，原因是多种多样的，除了因为缺乏信心之外，还因为孩子没有得到鼓励和赞许。为此，父母一定要双管齐下，家校配合，全方面帮助孩子，激励孩子。

首先，孩子在上学之后，会表现出非常明显的向师性，也就是父母常说的老师说话最好使。有的时候，父母十句表扬也不及老师的一句激励，为了给予孩子最大的鼓舞，父母可以和老师多多沟通孩子的情况，与老师搞好关系，让老师多关注孩子，经常给予孩子鼓励，这样才有助于激发孩子的信心，让孩子始终都能够以积极的态度面对学校。有的时候，老师就算没有明确表扬孩子，而只是拍了拍孩子的肩膀，或者摸摸孩子的脑袋，都能让孩子感受到老师的亲近和喜欢。孩子要想把课程学习好，一定要喜欢教授这门课程的老师。反之，如果孩子不喜欢教授某一门课程的老师，就很难把学习成绩搞上去。当然，如果老师可以在合

适的机会下当着全班同学的面表扬孩子，则孩子就会更加受到鼓舞，也会变得更加积极和主动。

其次，培养孩子的学习兴趣，让孩子对学习始终饱含热情，充满动力。正如人们常说的，兴趣是最好的老师。孩子对学习有兴趣，学习就会事半功倍。孩子对学习没有兴趣，学习就会面临困境，变得很艰难。为此，父母要激励孩子对学习产生兴趣，这样一来，孩子才能产生学习的动力，才能战胜困境，在学习中获得更大的成长和进步空间。当然，激发孩子的学习兴趣要有的放矢。例如，孩子不擅长数学，那么父母可以在日常生活中去超市购物的时候，让孩子自己去称重台称重，或者去收银台结算。在结算之前，还可以让孩子先预估一下需要多少钱，这样让孩子做计算题，可比让孩子对着习题进行计算练习要好得多。在家里，父母也可以和孩子进行买卖游戏，如让孩子负责卖东西。至于产品的定价，则可以根据孩子计算需要提升的水平来确定。如果孩子不喜欢语文，那么父母可以先从给孩子讲故事做起，还可以让孩子学习讲述一件事情。先从口头表达开始，渐渐地，孩子就会对文字产生兴趣。学习兴趣也许是有天赋在发挥作用，不过大部分都是后天培养出来的。作为父母，我们千万不要在看到孩子学习表现不好之后，就开始否定孩子，或者认为孩子在学习方面没有能力，而是要对孩子有耐心，积极地培养孩子的学习兴趣。当孩子从让我学变成我要学，他们在学习方面就会获得快速的成长和发展。

最后，父母不要盲目把孩子与其他孩子进行比较。每个孩子都是独立的生命个体，都有自己的脾气秉性，也有自己的兴趣爱好，而且有自己的特长和不足。作为父母，要全盘接纳孩子本来的样子，从而引导孩子向着更加优秀的方向发展和成长。如今，大多数父母都陷入教育焦虑状态，总是对于孩子的成长寄予太大的期望和希望，导致给了孩子沉重的压力。而且每一个父母都希望孩子一蹴而就获得成功，殊不知，这样一来就会让孩子觉得不堪重负。父母一定要适度期待孩子，给孩子订立合适的目标。唯有如此，孩子才能有的放矢地进步。在对孩子进行比较的时候，不要把孩子与其他孩子进行比较，而是要把孩子的今天与昨天进行比较，看看孩子是否有进步。古人云，不积跬步无以至千里，不积小流无以成江海，孩子的成长也需要点点滴滴的积累，才能由量变引起质变，才能让孩子更加有信心，从而在人生中有更出类拔萃的表现。

在这个世界上，既没有天上掉馅饼的好事情，也没有免费的午餐，每个人要想获得成功，都要坚持努力，否则成功只能从理想、梦想变成幻想、空想，对于人生毫无意义。孩子的学习和成长，更是需要一个长期积累的过程。为此不管是父母还是孩子，都不要有"学困生"的概念，而是要端正心态，才能有的放矢地在生命历程中获得更好的成长，才能脚踏实地一步一个脚印地在人生的道路上奋勇前行。

帮助孩子戒掉粗心的坏习惯

每当孩子因为粗心而导致做作业出现错误，或者考试成绩不理想的时候，父母对此的态度往往截然相反。有些父母把孩子的粗心看成是小毛病，觉得孩子这次粗心错误，下次只要不粗心不出错，就可以考取更

好的成绩。为此，他们对于孩子的粗心不以为然，却不知道在不知不觉的过程中，就会导致孩子更加粗心。与这些父母恰恰相反，有些父母把孩子的粗心看得特别严重，觉得孩子粗心是坏习惯，会对孩子的学习产生很大的负面影响，为此甚至比孩子不会做某道题目更加重视，赶紧督促孩子改掉粗心的坏习惯。

没错，粗心就是一种坏习惯，而习惯的力量是很强大的，会使人犯错误于无形，而自己却丝毫没有意识到问题的所在。在如今的小学生群体中，粗心的孩子不在少数，孩子这次粗心，那次粗心，最终次次粗心，导致会做的题目也不能做对，而不会做的题目更是会大量出错，为此学习成绩一落千丈。细心的父母会发现，很多学习成绩非常好、特别稳定的孩子，都是很认真细致的孩子。他们对于自己会做的题目，总是会努力做到最好，争取全对，这种情况下再去争取把不会做的题目都做对，自然会有更加稳定的成绩。

要想帮助孩子改掉粗心的坏习惯，父母要先端正心态，意识到粗心对于孩子的负面影响，也要知道粗心的坏习惯贻害无穷，这样才能正确对待孩子的粗心大意，也及时地引导孩子进行改正。父母在端正态度之后，接下来要做的就是帮助孩子端正态度。有些孩子考试的时候因为粗心而丢掉分数，却对此怀着不以为然的态度，说："我只是粗心而已，又不是不会做。"他们丝毫没有意识到粗心带来的恶劣影响，而对此不以为然，大概觉得自己下次就不会粗心。理想总是丰满的，现实总是骨感的，孩子最终会发现，哪怕他们有意识地想要改掉粗心的坏习惯，也没有那么容易。所谓习惯成自然，坏习惯对人的影响更大，而且影响人

于无形。为此，一定要孩子端正态度，积极地去改掉粗心的坏习惯，这样才能在成长中更快地进步。那么，孩子如何才能改掉粗心大意的坏习惯呢？

首先，要提升对自己的要求。一个人，很难完全实现对自己的要求，当孩子对自己要求太低的时候，首先从心理上就会懈怠，为此也会三心二意，不以为然。

其次，很多人误以为粗心只是粗心，实际上，粗心的真正原因是对知识的掌握不够扎实牢固。当发现孩子出现粗心的坏习惯，父母就要意识到孩子是因为不能熟能生巧，也要意识到孩子是因为对知识点掌握不够扎实。正因为如此，孩子在做题目的时候才会看到题目很眼熟，却眼高手低，在真正做题目的时候失去准确度。

再次，要培养孩子的责任心，让孩子对于自己所做的每一道题目都认真负责。很多父母都觉得孩子还小，不可能做到面面俱到，为此在孩子出现疏漏的时候不以为然，随随便便就原谅了孩子。实际上，孩子再小也要对自己所做的事情负责，也只有从点点滴滴的小事情开始负责，他们才会有更好的成长和更大的进步。责任心不是与生俱来的，而是需要从小养成的，父母要端正教养孩子的态度，才能引导孩子健康成长，有责任，有担当，从而在人生中有更大的进步和更快乐的成长。

最后，在做习题和考试的时候，要学会保持平常心，更加淡定。有些孩子很容易冲动，在考试的时候，如果看到题目很容易，马上就会很兴奋，觉得自己胜券在握；如果看到题目很难，就会灰心沮丧，觉得自己一定不会做，为此而心神不宁。其实在做题目的时候，尤其是在考试

的时候，不管面对怎样的情况都已经无法改变，为此孩子一定要淡定从容，才能保持理性，争取把题目做好。

当然，要想改掉粗心大意的坏习惯也并非马上就能做到的，父母要潜移默化影响孩子，也要在学习和生活中给予孩子更多的机会去锻炼，让孩子得到成长。只有循序渐进，孩子才能点点滴滴进步，才能持之以恒去成长。

第6章
行为矫正,别让小问题发展成为大缺陷

孩子在成长的过程中总是会出现这样或者那样的问题,作为父母,每天和孩子朝夕相对,对于孩子的一切情况都是最了解的,也是孩子成长的见证人,与此同时还是孩子最好的监督者。当孩子的行为出现偏差的时候,父母一定要及时为孩子指出来,对孩子进行行为矫正,而不要让孩子的小问题不断地发展成为大问题,否则孩子的人生就会出现缺陷。

孩子，你要勇敢

向前今年7岁了，正在读小学二年级。他长得人高马壮，在班级里是最高的孩子，但是他却很胆小怯懦，经常被同学们欺负。别说男生了，就连女生也常常会打向前。有一天回到家里，妈妈看到向前鼻青脸肿的样子，而且脸上还挂了彩，非常心疼，问向前："向前，你这是怎么回事？"向前"哇啦"一声哭起来，告诉妈妈："小朱想借用我的文具盒，我不想借给他，他就抢，抢不过我，就打我。"妈妈气急了："就是那个又矮又小的小朱吗？"向前点点头。妈妈恨铁不成钢地说："你真是白长了这么大的个子，永远都只会被打、挨打。你能不能像个爷们儿一样，谁打你了，你就打回去，你这么强壮还怕打不过别人吗？！"妈妈简直被气昏了头，看到向前胆怯的样子就生气。然而，等到冷静下来，妈妈意识到这样教育向前是不对的，为此对向前说："你也不能打同学太狠，毕竟你身强体壮力气大，万一把同学打坏了更麻烦。"然而，如果向前总是这样挨打，成了习惯，将来变成胆小鬼怎么办？妈妈需要想个办法解决问题。

很多父母都和向前妈妈一样心态很矛盾，看到孩子被打很心疼，而如果教唆孩子和其他孩子对打，又担心把别人家的孩子打坏了要负责任。实际上，低年级孩子情绪自控力差，大家又都是差不多的年纪，在一起因为各种各样的矛盾而发生纷争，或者打起来都是很正常的事情。作为父母，我们千万不要总是告诉孩子一味地忍耐和退缩，否则孩子就会越来越胆

小，越来越害怕，也就会更加怯懦。但是，直截了当告诉孩子和对方使劲地打，决出胜负输赢，也是不可取的，毕竟事出有因，父母不可能知道其中的原因，而且如果孩子形成以武力解决问题的坏习惯，只会导致一切变得更加糟糕。到底要如何平衡好这其中的关系呢？这是需要认真思考的。

父母首先要明确一点，那就是只要是打架，一定会有胜负输赢。而且1~2年级的孩子心理发展还不成熟，很容易因为一些鸡毛蒜皮的事情就发生矛盾，为此父母先不要引导孩子以武力解决问题，否则就会让孩子和其他孩子发生冲突与矛盾，也就彻底失去了好人缘。最重要的是，打架非但不能解决问题，反而会使得很多问题恶化，因此如何理性处理好孩子之间的矛盾，是父母需要慎重思考的。有一个原则不容违背，那就是孩子往往会通过自己的方式解决问题，只要孩子的冲突不是很严重，或者没有向父母求助，父母就不要随便介入。

然而，让孩子一味地软弱退缩也不可取，因为总有些孩子在家里当惯了小霸王，即使到了学校，也总是喜欢欺负人。对于这样常常欺负人的孩子，父母就要让孩子的态度更加强硬一些，表明自己的立场和观念，这样孩子才会变得坚强，有震慑力。实际上，孩子之间发生各种冲突和矛盾，是正常的行为表现，父母不要对此大惊小怪，再想想自己小时候，是不是也经常会和同学之间发生矛盾呢？为此，不管孩子是挨打了还是打人了，父母都不要大惊小怪，只要孩子不是恶意伤害别人，而是情绪驱使才做出冲动之举，父母应该了解孩子的内心，从而知道孩子的情绪表现和行为特点。

要想避免孩子总是被欺负，父母要对孩子进行适当的引导。例如，

在孩子受到欺负的时候，或者对方即将要展开攻击的时候，孩子应该表现出强壮勇敢的样子，而不要总是害怕，更不要畏缩哭泣。有的时候，从气势上也可以压倒别人，诸如横眉冷对，这样就可以震慑对方，让对方考量自己是否能够打赢，说不定对方还会知难而退，从此之后结交了这个有胆气、够勇敢、有魄力的朋友了呢！此外，父母还可以引导孩子结交朋友。俗话说，不打不相识，如果孩子有一个实力很强的对手，那么让他们结交朋友，无疑是很好的选择。需要注意的是，这里所说的是结交朋友，而不是忍辱负重地求和。只有真正的友谊，才值得孩子去用心维护，才值得孩子适度退步。

无论在何种情况下，孩子自身的强大都是最重要的，如果父母总是对于孩子的成长怀有疑虑，不相信孩子能够处理好各种问题，总是过度保护孩子，那么孩子就会越来越胆小。真正明智的父母知道自己不可能保护孩子一辈子，为此他们会引导孩子变得更加强大和勇敢，唯有如此，孩子才能茁壮成长，才能真正成为人生的强者。当然，父母也不要一味地把问题丢给孩子去解决，毕竟孩子的能力是有限的，如今校园霸凌的现象很严重。如果孩子受到大孩子的欺负，无法面对，父母就要出面为孩子寻求帮助，或者向学校反映情况，如果有必要还可以向公安机关求助，这些都是解决问题的好方式。总而言之，父母不管是否会代替孩子解决问题，都要密切关注孩子的情况。尤其是1~2年级孩子刚刚结束幼儿园的生活，开始独立面对人际关系，总是感到很困惑。父母要时刻密切关注孩子，这样才能默默地保护孩子，也了解孩子各方面的情况，给予孩子最好的引导和帮助。

引导孩子妥善处理与同学之间的矛盾

每个孩子的脾气秉性都是不同的,有的孩子性格大大咧咧的,即使有什么不愉快也不会记在心上,而是会采取宽容的态度对待他人。有的孩子性格很独特,感情细腻,一旦与他人之间发生小小的摩擦或者不愉快,他们就会记仇,甚至因此而很长时间都不再愿意与同学沟通和交流。不得不说,朋友之间的情谊、同学之间的情谊,对于孩子的成长都是很重要的,为此孩子一定不要总是因为小摩擦、小矛盾就与他人反目成仇,而是要更加理性对待各种事情,也要怀着一颗宽容的心。

人非圣贤,孰能无过,更何况有的时候其他孩子并非故意犯错,而是无意之失。牙齿还会碰到舌头呢,更何况是朝夕相处的同学呢?为此,父母首先要端正态度,意识到孩子之间有摩擦在所难免,只有相互包容和理解,才能友善解决问题,有更好的成长。尽管孩子是父母的心头肉,父母也不要因此就纵容孩子,更不要护犊子。父母爱孩子的心当然可以理解,但是却不要因为爱孩子,就纵容孩子。真正明智的父母会给孩子讲道理,告诉孩子很多事情应该如何做才会有更好的结果,也引导孩子宽容、真诚和包容,珍惜同窗情谊。

在班级里,皮皮是个不折不扣的调皮大王,真是人如其名,每天都像猴子一样上蹿下跳,常常不小心碰到这个同学,或者撞到那个同学。对于皮皮的表现,老师不止一次批评过他,但是都没有太大的作用。

有一天,同学们排队下楼做操,皮皮因为着急,突然推了前面的萌萌一下。结果,萌萌毫无防备,咕噜咕噜从楼梯上滚了下去。幸好当时

还剩下几级台阶，因此萌萌只是崴伤了脚，没有受伤太严重。看着萌萌一瘸一拐的样子，皮皮意识到自己犯了严重的错误，赶紧向萌萌道歉。萌萌疼得哇哇大哭，说："你这个皮猴子，你就是故意推我的。"皮皮急得满脸通红，说："我真的不是故意的！"老师看到萌萌的脚踝肿起来，当即打电话通知了皮皮的父母和萌萌的父母。萌萌一看到妈妈来了，哭得更厉害了，说："皮皮是故意推我的，他这是故意伤害，要坐牢！"皮皮父母看到萌萌妈妈也赶紧道歉，还说要带着萌萌去医院拍片子，进行检查。

妈妈很冷静，听到萌萌的话，批评萌萌："萌萌，你和皮皮是同学，皮皮不会是故意推你的，他只是不小心，也没想到你没站稳，就这样摔倒了。你责怪皮皮也不能让自己的伤势好转，咱们现在先去医院检查病情，确定骨头有没有问题，好不好？"萌萌听到妈妈的话，不再说皮皮，当即去了医院。医生说萌萌只是扭伤了脚，骨头应该没有问题，还给萌萌开了外敷的药。回到家里休息了几天，在妈妈的精心护理下，萌萌的扭伤好转了。皮皮父母还买了一些礼物来看望萌萌呢！经过这次事情，皮皮也受到教训，再也不敢趁着同学不防备的时候，就对同学动手动脚了。而萌萌呢，在妈妈的劝说下原谅了皮皮，还和皮皮成了好朋友。

在这个事例中，皮皮一定没有想到萌萌会因此而受到伤害，所以才会对萌萌动手动脚，而丝毫不认为自己的行为有什么不妥当。这次事件给了皮皮以教训，为此皮皮才会痛改前非。当然，妈妈对于萌萌的引导也很到位，虽然妈妈很心疼萌萌受到伤害，但是幸运的是没有造成严重的后果，而且同学的关系对于孩子6年小学生涯也是很重要的。为此妈妈

才会劝说萌萌不要指责皮皮，而是要给皮皮改正错误的机会。

很多孩子都无法意识到友谊的重要性，为此他们在与同学相处的时候出现矛盾，总是会不搭理同学。总有一天孩子会意识到同学情谊的珍贵。我们作为父母，孩子固然要心疼，却也要教会孩子更多的道理。这样一来，孩子才会得到父母的引导和帮助，才会更加健康快乐地成长。

让孩子怀有宽容之心

宽容，是人生最美好的品质之一，一个人心中宽容，就能接纳生活中很多的不如意，也会在与人相处出现矛盾和摩擦的时候，说服自己坦然面对，而不是感到气愤，更不是对此耿耿于怀。偏偏孩子很容易因为一些小的摩擦就记仇，就是因为他们缺乏宽容的心，也是因为他们心思狭隘，斤斤计较。作为父母，要想让孩子更快乐，就要培养孩子的宽容之心，唯有如此，孩子才能退一步海阔天空。

也许有些孩子不懂：什么才是宽以待人呢？所谓宽以待人，就是采取宽容的态度面对他人，就是在他人有心或者无意犯错误之后，可以努力包容他人。当然，孩子并非生而就懂得宽容，而是在后天成长的过程中才渐渐地具备宽容的品质，才能够让自己心胸开阔，不去斤斤计较，更不会与他人之间因为各种小摩擦和小矛盾就陷入尴尬的境遇。

有一天，叶子在小区广场上玩轮滑。他穿着轮滑鞋跑得飞快，突然有一个女孩从他身后侧面撞了他一下，导致他一下子腾飞起来，又重

重地落在地上。即使屁股上的肉很多，也把叶子摔蒙了，他疼得龇牙咧嘴，眼泪马上流出来。妈妈看到叶子摔倒了，赶紧过去扶起叶子。撞到叶子的女孩就站在旁边，一个劲儿和叶子道歉。叶子对女孩恶狠狠地说："你没长眼睛吗？为什么要撞我？"妈妈觉得叶子说话很难听，但是因为忙着查看叶子的情况，为此没有来得及批评叶子。女孩还是在道歉，叶子依然不依不饶。妈妈说："好啦，叶子，小姐姐一定不是故意的，只是因为你滑得太快了，才会不小心撞到你。其实，每个人滑轮滑都会摔跤，只有摔跤才能滑得越来越好。"小女孩得到妈妈的谅解，就离开了。

叶子问妈妈："妈妈，你为何向着别人，不向着我呢？"妈妈语重心长对叶子说："你都已经摔跤了，就算我向着你，你也被摔得龇牙咧嘴。最重要的是先检查你有没有哪里受伤，尤其是骨头有没有骨折。既然没有受伤，人家也道歉了，还有必要不依不饶吗？你天天滑轮滑，说不定哪天也会把别人撞倒呢，你是否也希望得到别人的谅解呢？"叶子陷入了沉思。

妈妈的态度，很好地缓解了叶子烦躁的情绪。如果妈妈不是这么宽容，而是也和叶子一起指责女孩撞倒了叶子，那么叶子的情绪就会更加激烈。正如妈妈所说的，最重要的是看叶子是否受伤，毕竟已经被撞倒了，保证安全才是最重要的。而且，妈妈还引导叶子进行换位思考，假设叶子有朝一日不小心撞倒了别人，这样一来，叶子才能理解妈妈的用心良苦。相信经过这件事情，叶子也会和妈妈一样变得更加宽容和善。

要想让孩子学会宽容，首先，父母就要和事例中的叶子妈妈一样，在事情发生之后先不要去争论对错输赢，而是要先检查事情的结果有多

么严重，从而及时弥补和解决问题。其次，还要引导孩子学会换位思考，理解对方并非故意的，而且已经很真诚地道歉了。最后一点，也是大多数父母都很难做到的一点，那就是不要盲目地向着自己的孩子，而批评别人的孩子，否则就会被自家孩子钻了空子，也对别人排斥和指责。很多事情一旦发生都无法挽回，作为父母，尤其不要过度保护孩子，而是要理性解决问题，给孩子做出好榜样。以怨报怨，只会让彼此的怨恨更加深，而以德报怨，才能让彼此之间更加宽容与友善。当孩子学会宽容和理解他人，就会建立良好的人际关系，也会成为处处受人欢迎的人。

有主见的孩子更强大

现在的孩子，从一出生就在蜜罐里泡着，得到父母和长辈无微不至的照顾，从来不会为了生活而发愁，更不会对于人生中的很多事情提前谋划。渐渐地，他们养成了以自我为中心的坏习惯，总觉得所有人都要无原则地围绕他们转，满足他们的一切需求和欲望。在此过程中，孩子渐渐成了小霸王，但是他们只是变得更加任性而已，与此同时，他们变得依赖性很强，不管做什么事情都需要得到父母的帮助，哪怕只是面对一些小事情也完全拿不定主意，必须父母给他们出主意。不得不说，这对于孩子而言绝不是一种好的状态，孩子终究要长大，离开父母的身边独自面对人生，到那时，父母还能给他们出主意吗？而且，随着时间的流逝，父母也终究会老去，怎么可能始终陪伴在孩子身边呢？为此，从小依

赖性很强的孩子，在长大之后就会面临很大的困境，也会显得很弱。

父母在养育孩子的过程中，一定要教会孩子自己拿主意，让孩子有主见，否则孩子就永远也长不大。记得在江苏卫视《非诚勿扰》的节目中，有个女嘉宾长得非常漂亮，而且身材高挑，各方面条件都很好。但是，这个女嘉宾出身于单亲家庭，从小和妈妈相依为命长大，不管做什么事情都很听妈妈的话。面对一个比自己小的男嘉宾，她很喜欢对方，但是在最后关头，她想起妈妈说的话"男孩就算只比你小一天也不行"，为此拒绝了非常优秀的男嘉宾。对于这个女嘉宾的表现，在场的主持人孟非和点评嘉宾，都在说服女嘉宾不要这样盲目听从妈妈的话，而是要带着妈妈一起成长，接纳更多的人和事情。孩子小时候听话也许是优点，因为会减轻父母教养孩子的难度，但是如果孩子长大了还依然对父母的话言听计从，就会失去主见，也不能驾驭人生。为此，父母不要总是夸赞孩子听话，而是要记得自己养育孩子的目的不是让孩子对自己言听计从。父母要更加激励孩子努力上进，也要真正尊重孩子的意见和态度。这样一来，孩子才能在父母的引导下茁壮成长，才能真正成为命运的主人。

夏朵已经8岁了，正在读二年级。她各方面的表现都很好，唯独就是没有主见，什么事情都要听从爸爸妈妈的建议，让爸爸妈妈作决定。一开始，爸爸妈妈还觉得夏朵很听话，为此对夏朵的表现很满意。但是随着需要夏朵自己作决定的事情越来越多，他们深切感受到夏朵对他们的依赖性。

二年级下学期，学校里开设了好几门兴趣课程，夏朵把兴趣课程的报名表交给爸爸妈妈，就不管不顾了。吃晚饭的时候，妈妈问夏朵：

"你想学习哪一门课程？"夏朵不以为然地说："随便。"妈妈说："兴趣课程就是要你喜欢和感兴趣啊，这个我和爸爸没法代替你决定，因为我们不知道你真正喜欢什么。"夏朵说："我也不知道啊。你和爸爸看着哪个好，就给我报名哪个吧！"妈妈无奈地笑起来："夏朵，你已经8岁了，这次报名我和爸爸不会给你意见，需要你自己决定。"夏朵为难极了，她一会儿想报书法班，一会儿想学习舞蹈，一会儿又想学习绘画，完全没有主意。妈妈看着夏朵的样子很着急，当即对夏朵说："你要拿定主意，选定了就要至少坚持学习一个学期。"最终，在爸爸的引导下，夏朵好不容易才决定要学习绘画，却在次日听到同学说学习绘画要买很多的颜料之后，又感到迟疑了。

若一个孩子没有主见，哪怕是面对自己可以全权做主的事情，也不能果断作出决定。看着夏朵犹豫纠结的样子，相信父母也会觉得很难受。而那些有主见的孩子恰恰相反，他们很喜欢为自己作决定，为此他们会争取从父母那里得到更多的机会自主进行选择。为了培养孩子的独立自主性，让孩子有自己的意见和态度，作为父母，在孩子发表意见的时候一定要对孩子表示支持和认可，当孩子的意见与父母的意见不统一的时候，更要给予孩子更多的支持和帮助，也要发自内心地尊重孩子。

父母的尊重和认可，是孩子自信心的来源。为此，父母不管何时都要尊重孩子，也不管何时都要真正平等对待孩子。只有为孩子营造出民主的家庭氛围，孩子才愿意表达自己的意见和态度，才愿意和父母更加深入交流。作为父母，切勿觉得孩子言听计从就是好事情，当孩子发出不同的声音，也愿意坚持自己认为正确的事情，父母才要更加庆幸，因为孩子已经不断地成长，越来越优秀。

依赖父母的孩子从来长不大，不管遇到什么事情或者发生什么难题，他们总是会习惯性地向父母求助。而孩子的依赖性之所以会养成，和父母对孩子一贯以来的娇纵宠溺也是密不可分的。作为父母，一定要端正教养孩子的态度，坚持教养孩子的正确方式和方法，唯有如此，才能让孩子不断成长，才能激励孩子更加进步。父母要给孩子机会去做更多的事情，让孩子在挑战难题的过程中证明自身的能力，变得更有自信。当然，孩子也许一开始在很多方面都做不好，这也没关系，因为孩子并非生而什么都会，而是要经过锻炼和历练才能成长的。明智的父母会包容孩子，也会及时肯定和赞赏孩子，从而有效激励孩子，增强孩子的自信心，这对于孩子至关重要。

父母"懒惰"，孩子才能"勤快"

孩子的能力超乎父母的想象。很多父母都觉得孩子还小，很多事情都不能做，也做不好，反而是帮倒忙，为此在日常生活中总是剥夺孩子做事情的权利，也总是会主动代劳孩子做好一切事情。实际上，孩子的能力超乎父母的想象，只要父母给予孩子机会坚持练习，就会发现孩子可以把很多事情做好。尤其是在父母的支持和鼓励下，孩子还会把很多事情越做越好。为此，父母不要再觉得孩子没有任何能力，也不要对孩子的成长抱有怀疑的态度，而是要更加激励孩子，也要全力支持孩子。

第6章 行为矫正，别让小问题发展成为大缺陷

前些年有新闻报道，有的大学生进入大学校园后，从食堂里买到了带壳的鸡蛋，因为此前从未见过带壳的鸡蛋，而不知道如何吃鸡蛋。也有的大学生在宿舍里面对光溜溜的铺板，不知道如何铺床，而只能瞪着大眼睛在床上傻坐着度过漫长难熬的一个夜晚。看到这样的现象，人们总是会指责孩子高分低能，难道孩子什么也不会做真的都是孩子的错误吗？现代社会中，有太多的父母对于孩子过分溺爱，从来不让孩子做任何事情。有的时候，哪怕孩子想要按照老师布置的家庭任务帮助父母做一些家务活，父母也总是以孩子不会做、做不好为由，粗暴地拒绝。实际上，不是孩子不想做，也不是孩子不愿意做，而是父母对于孩子太过宠爱，什么都不给孩子机会去做。这样的父母自以为是在爱孩子，却把孩子培养成了一个巨婴，导致孩子连基本的自理能力都没有，不得不说是对孩子极其不负责任的态度。

等到终有一日父母老了，需要孩子照顾了，孩子却还是什么都不会做，这个时候父母应该怪谁？而且，等到有一天孩子长大了，需要独自面对人生了，却总是啃老，什么事情都依赖和仰仗父母，父母又要进行怎样的思考呢？正因为如此，人们才说父母的溺爱是对孩子最大的伤害。真正明智的父母不会一味地溺爱孩子，而是会根据孩子的成长进入不同的阶段，认识到孩子的能力也得以发展，为此给予孩子更多的机会去成长，也让孩子更加独立和自由。在父母的坚持历练下，孩子什么事情都会做，各方面能力得到均衡发展，当然可以在生活中更加如鱼得水、游刃有余。

也许有些父母会说，孩子学习任务很沉重，不想让孩子把宝贵的时间用于做家务事，或者是和学习无关的事情。不得不说，这样的父母根本不了解孩子成长过程中的需要。就像是成人尽管工作很重要，却不会把一天24小时都用于工作一样，这是因为工作的目的是更好地生活，也为了保证可持续发展，必须劳逸结合。对于孩子而言，做家务，何尝不是一种休息呢？而且，做家务还可以丰富孩子的人生经验和阅历，让孩子变得更加强大起来，对于孩子的成长是不可或缺的。在学校里，老师总是给表现很突出的孩子颁发五好学生奖状，这其中就包括劳动这一项。让孩子适度做家务，发展独立和自理能力，不是耽误孩子成长，而是助力孩子成长。

记得曾经有一篇网络报道里写道，很多一年级新生的父母或者长辈，每到了周五大扫除的时候，就会带着打扫工具自动集合在学校，要帮助孩子大扫除。难道孩子已经有能力上一年级，还没有能力进行简单的清洁教室工作吗？这完全是父母多虑了，也是对孩子过度保护和宠溺的表现。其实，有的时候，不是孩子必须依赖父母，而是父母无法摆脱对孩子的依赖。他们已经习惯了无微不至地照顾孩子，因此当孩子表现出不再需要父母照顾的时候，父母就会觉得很不习惯和适应。不得不说，父母过度保护孩子也是有瘾的，常常会让孩子过度依赖，失去独立生存的能力。

教育专家陈鹤琴先生曾经说过，对于一切孩子可以独立做到的事情，都应该教给孩子去做。作为父母，不要总是低估孩子的能力，而是要更加有的放矢地引导孩子进步和成长，要给予孩子更多的机会提升和锻炼自己。当父母不再依赖孩子，当父母学会适当懒惰，相信孩子就会变得越来越勤快，也会有更强大的表现。

第6章 行为矫正，别让小问题发展成为大缺陷

戒掉拖延的坏习惯

期中考试之后，班级里召开了家长会。有的父母说起孩子拖延的坏习惯，引起了大家的共鸣。老师也说，如今的孩子最大的缺点一个是懒惰，一个是拖延。很多时候，懒惰的表现也是拖延，由此可见，拖延是孩子各种糟糕表现的根本原因。认真观察现在的孩子，拖延的人可真是不在少数，他们不但晚上不愿意睡觉，早晨不愿意起床，就连写作业也磨磨蹭蹭，不到非写不可的时候坚决不愿意写。对于孩子这样的表现，很多父母都想出了各种办法，却收效甚微。

其实，孩子之所以拖延是有原因的，绝不是无缘无故。所谓解铃还须系铃人，作为父母，只有找到孩子拖延的根本原因，才能有的放矢地解决孩子拖延的问题，帮助孩子戒掉拖延。那么，孩子到底为何拖延呢？

首先，都是自信惹的祸。有的孩子因为过分自信，对老师或者父母安排的学习任务漫不经心，不屑于去做。有的孩子因为缺乏自信，对于自己没有正确的评价和认知，因而被艰巨的任务吓倒，觉得自己根本不可能完成任务，出于畏难心理而不停地拖延。为此父母要认真观察孩子到底是出于怎样的原因导致的拖延，从而才能有针对性地解决问题。

其次，孩子的人生经验匮乏，在面对一个问题的时候，常常会把问题想得太过简单了，结果导致眼高手低，在因为轻敌而拖延之后，写作业的过程中遇到困难和障碍，就变得磨磨蹭蹭，无法第一时间就解决问题或者完成作业。

再次，就像文章开头所说的，孩子有两大缺点：一是懒惰，二是拖延，而懒惰也会导致孩子拖延。为此，父母如果发现孩子非常懒惰，先要解决孩子的懒惰问题，才能让孩子在面对学习任务和生活任务需要完成的时候，积极主动去完成任务，而不是总拖延着不去做。有的时候，父母还需要向孩子表明态度，那就是很多事情拖延到最后也依然需要完成，看看孩子是选择把事情先做完再轻松地去玩耍，还是选择拖延完成事情，导致后来更痛苦。

最后，孩子如果过度追求完美，对于自己圆满地完成事情没有把握，也会陷入拖延的状态。这是因为他们没有进入梦寐以求的完美状态，因而内心变得很焦虑和纠结，也就无法当机立断作出决定，展开行动。

当然，这些拖延的原因不是放之四海而皆准的，只是大多数孩子身上都会呈现出来的糟糕状态和行为表现。作为父母，要想从根本上解决孩子的拖延问题，就要从孩子自身的实际情况出发，对孩子因材施教，真正解开孩子心中的疙瘩，让孩子更加有效地戒掉拖延症，变得精明干练，不管做什么事情都效率倍增。

此外，父母对于孩子的言传身教作用很强大，如果父母本身就有拖延症，则根本不可能帮助孩子戒掉拖延症。作为父母，一定要先从自己做起，戒掉拖延，这样才能对孩子起到更加积极的引导作用，也以身示范给孩子树立积极的榜样。家庭的氛围对孩子的影响作用也很大，当整个家庭里每个人都是雷厉风行的，做事情有很高的效率和很好的效果，则孩子耳濡目染受到影响，也就不会拖拖拉拉。

第7章
自控能力,促进孩子意志品质的发展

孩子只有拥有自控力,才能主宰自己。在生命的历程中,不管做什么事情,都需要意志力才能坚持下去,而如果孩子意志力薄弱,则在生命历程中遇到小小的困难和障碍,就会因此而软弱退缩,这当然是父母不愿意看到的。所以父母教养孩子,首先要增强孩子的自控能力,磨炼孩子的意志力,让孩子变得坚强勇敢,孩子才能成为真正的人生强者。

做事情要有始有终

最近，妈妈发现奇奇在做很多事情的时候，都会表现出三心二意的特点，缺乏韧性。例如，奇奇前段时间特别想学习轮滑，因为他们班级里有很多孩子都滑轮滑，但是轮滑鞋买回家之后奇奇学习了没几次，摔过几次大屁蹲之后，就把轮滑扔在家里，无论如何都不愿意坚持学习下去。后来没过多久，奇奇又对画画感兴趣，为此妈妈给奇奇报名参加了绘画训练班。没想到，奇奇才上了三四次课程，就不愿意去学习了。

最让妈妈感到担心的是，奇奇不但在培养课外兴趣方面这样三心二意，就算是对待学习，也没有长性。一开始，奇奇还能坚持把不多的作业写完，后来，他就很排斥写作业，每天完成作业原本只需要一个小时，却不断地拖延。写十几分钟作业，就说自己饿了，或者说自己想要喝水。对于奇奇的表现，妈妈感到很生气，却又无可奈何，在背着奇奇的时候和爸爸说："奇奇现在做事情总是这样虎头蛇尾，将来可怎么办啊！"爸爸安抚妈妈："没关系，孩子小，还有可塑性，慢慢引导。"

其实，很多孩子都会出现做事情虎头蛇尾的情况。作为父母，不要过分担心，因为孩子正处于特殊的身心发展阶段，注意力原本就很容易分散，而且有意注意正在发展过程中，孩子的自控能力还比较弱。在这种情况下，孩子很容易因为各种事情就让自己分散注意力，因此他们对于做某一件事情的热情会来得很快，但是这样的热情并不持久，也会消

散得很快。作为父母，要了解孩子的身心发展特点，才能有的放矢地引导孩子增强专注力，强化毅力和决心，让孩子有更好的表现和成长。

要想让孩子有决心，有毅力，需要父母对于孩子的培养和引导更加用心。

首先，要给孩子分配一些有难度的任务，引导孩子循序渐进坚持完成，这样孩子才能在循序渐进的过程中，使得自身的意志力得以增强，也让自己的毅力更加强大。坚强的意志力是非常优秀的品质，为此父母要有的放矢地引导孩子，而且要给予孩子足够的耐心和爱心，引导孩子逐渐增强意志力。

其次，要让孩子感受到坚持的乐趣。为孩子指定的目标不要难度过大，否则孩子无论怎么努力都不能实现目标，渐渐地就会感到疲惫，也会对自己失去信心。父母为孩子制订适度的目标，让孩子在努力试一试之后可以达成目标，感受到小小成功的乐趣，则孩子就会受到激励和鼓舞，也会变得越来越有信心，越来越充满希望和力量。

最后，父母要给孩子树立榜样作用。很多父母总是在孩子面前说一些泄气的话，或者在自己去做某些事情的时候，略微有一些难度就要退缩和放弃，这同样会给孩子错误的作用力和负面的影响力，导致孩子面对成长感到很无奈，很被动，不但承受力下降，而且决心和韧性、毅力都得不到发展。

父母是孩子的第一任老师，也是孩子最好的老师。父母的言传身教作用，对孩子会起到强大的影响力，为此父母每时每刻都要积极地影响孩子，坚持给予孩子正面作用力，这样才能督促孩子不断成长，才能让孩子变得更加坚强和勇敢。

古人云，以五十步笑百步，是说当士兵在战场上逃跑，就不要因为自己逃跑了五十步，就嘲笑那些逃跑了一百步的人，因为不管逃跑了多少步，逃兵的性质都是无法改变的。同样的道理，一个人在追求成功的道路上，不论是坚持到最后一刻才放弃，还是坚持了没多久就放弃，他们都必然面临失败的结局。就像发明电灯的爱迪生，为了找到合适的材料作为灯丝使用，进行了7000多次实验，如果他没有坚持到最终获得成功，而是在无数次失败之后就放弃了，那么他就无法成为电灯之父。孩子才开始行走人生的道路，未来还会面对更多的坎坷与挫折，还会经历更多的挑战。如果现在连小小的挑战都不能接受，那么将来在面对成长的时候，如何能够迎接更大的挑战和艰难坎坷呢？为此，父母一定要从小就培养孩子做事情有始有终，这才有助于孩子成长。

如何预防孩子做事半途而废

常言道，性格决定命运。对于孩子而言，要想在漫长的人生道路上走出属于自己的康庄大道，获得自己的成功，就一定要有坚韧不拔的意志力。曾经有心理学家经过研究发现，大多数人的先天条件其实相差无几，之所以有的人能够获得成功，而有的人总是与失败结缘，就是因为他们面对失败的态度截然不同。成功者也许没有过人的天赋，也没有好运气，但是他们一定有坚韧不拔的毅力，即使面对生命历程中再多的艰

难坎坷，他们也始终能够勇往直前。而失败者呢，即使只是遭遇小小的人生困境，也会当即感到颓废沮丧，甚至会因此而放弃希望和努力。不得不说，尝试了还有可能获得成功，而如果轻易放弃，则只能与失败为伍，失去一切成功的机会。所以真正明智的人不会选择放弃，而是选择作好心理准备接受最坏的结果，拼尽全力去努力。

很多父母都会发现孩子做事情容易半途而废，这是因为孩子对于事情的热情就像情侣之间的一见钟情，也许开始的时候感情很灼热，却因为激情来得快去得也快，无法长久保持下去。孩子的情绪起伏很大，为此做事情总是很冲动，常常会感到新鲜，也常常会感到厌倦。父母要了解孩子的身心发展特点，从而有的放矢地预防孩子半途而废。

一屋不扫，何以扫天下。尽管父母都是望子成龙、望女成凤的，但是对于孩子而言，绝不可能一蹴而就获得成功。父母要想培养孩子坚持的品质，就要从日常生活中的小事情开始做起。尤其是对于1~2年级的孩子而言，他们各方面的能力毕竟还没有发展完善，为此父母在给孩子规定任务的时候，要根据孩子的能力发展水平去选定，既不要难度过大让孩子轻易放弃，也不要难度太小体现不出坚持的意义。例如，帮助妈妈择菜这件事情，父母做起来也许只需要10分钟的时间，孩子去做很有可能需要半个小时的时间。这样的难度对于孩子而言有些过大。前文说过，1~2年级的孩子保持注意力的时间在15~20分钟，为此父母为孩子设定任务，可以根据孩子对事情感兴趣的程度，把时间限定在15~20分钟。当孩子能够坚持做好一件小事情，则意味着他的毅力得到了发展。

当然，也有可能孩子在做事情的过程中等到新鲜劲头过去，就会想要放

弃，这个时候，父母一定要及时鼓励孩子，给孩子鼓劲，或者给予孩子适度的奖励，也可以向孩子求助，从而增强孩子的荣誉感和使命感，让孩子继续坚持下去。

此外，在心理学领域，有一个非常著名的理论，就是半途效应。具体而言，指的是当人们做事情到中途的时候，因为自身主观因素的影响，或者因为外部世界客观因素的影响，导致对于预期失望，甚至因此而想要放弃努力。心理学家经过研究发现，很多人做事情想要放弃，都出现在事情做到一半的时候，这告诉我们事情做到一半，当事人心态会进入一个挣扎的处境，也说明人们的心理状态在事情发展过半的时候，就进入比较动摇的状态。孩子做事情也是如此，在事情坚持到一半的时候，孩子很容易就会动摇，也会感到身心疲惫，这种情况下，如果孩子没有坚持的毅力，很容易就会放弃，也会陷入被动状态。作为父母，一定要更加理性对待孩子，也要有的放矢地引导孩子，才能不断地激励孩子成长，让孩子在成长的过程中有更好的表现，也有更大的收获和进步。

作为父母，要防患于未然，在孩子做事情还没有到一半的时候，就要大力支持和鼓励孩子，也要多多给予孩子精神上的力量。这样一来，才能有的放矢地引导孩子度过半途效应的艰难时刻。等到孩子度过半途效应，眼看着自己距离目的地越来越近，也距离成功越来越近，就会在人生中有更好的成长和表现，也会更加有自信一定能够实现目标，可想而知，结果就是非常好的。例如，当孩子在写作业到一半感到疲惫的时候，父母不要等到孩子主动提出放弃，而是可以先激励孩子："今天表现非常棒，写了这么久都还能坚持。只要再坚持一会儿，就可以完成所

有的作业，就可以痛痛快快地玩了。"父母这样先把话说在前面，孩子原本还感到疲惫，因为受到激励，就会更加鼓起勇气继续写下去，也会平衡自己的内心："现在停止写作业，一会儿还要写，不如一口气写完，就可以玩到睡觉前，爸爸妈妈都不会催促我写作业了，这种感觉一定很好！"这么想来，孩子就会拼尽全力去完成作业，等到孩子渐渐习惯了完成所有的作业再痛痛快快玩耍，父母也就无须为盯着孩子、督促孩子写作业而烦恼了。

凡事都要未雨绸缪，才会取得更好的结果，作为父母，一定要把握好合适的时机引导孩子，才能对孩子起到最佳的激励作用，让孩子健康成长，变得主动积极，且有顽强的意志力。

控制好情绪

很久以前，有个男孩特别爱发脾气，几乎每天都要发好几次脾气。他的脾气来得快，去得也快，为此他常常在发完脾气之后就忘记了，而他身边的人却感到很痛苦。为了帮助男孩改掉坏脾气，有一天，爸爸拿出一口袋钉子给男孩，还给了男孩一个锤子，对男孩说："从现在开始，你每次生气，就要在你的衣柜上钉上一颗钉子。"男孩很不理解地看着爸爸，问："你确定要这么做吗？那可是我最喜欢的衣柜！"爸爸点点头，斩钉截铁地说："当然，我知道那是你最喜欢的衣柜，正是因为如此，你才能会学会控制脾气。"就这样，男孩和爸爸达成了约定。

第一天，男孩就在心爱的橡木衣柜上钉上了十几颗钉子。看着钉子，他感到很惊讶："我一天中竟然生气这么多次吗？"爸爸点点头，说："是啊，你自己发脾气无知无觉，却给衣柜带来了巨大的痛苦。"在很长一段时间里，男孩每天都要朝着衣柜上钉钉子，很快，衣柜上就全都钉满了钉子，看起来密密麻麻，让人触目惊心。直到一年多之后的某一天，男孩兴奋地对爸爸说："爸爸，我今天一整天都没有钉钉子。"爸爸很欣慰，说："等到你连续七天都不会朝着衣柜上钉钉子之后，你每一天不朝着衣柜钉钉子，就可以拔掉一颗钉子。"没想到，拔掉钉子用了比钉钉子更长的时间。终于有一天，男孩把衣柜上所有的钉子都拔下来了，但是衣柜已经面目全非，上面全都是可怕的钉子痕迹。爸爸语重心长对男孩说："很多时候，你发脾气，自己无知无觉，却给别人心中留下了伤痕累累。这些伤痕很难恢复，即使经历漫长的时间，也依然在人心中有痕迹。"男孩懊悔地对爸爸说："爸爸，我以后一定尽量少发脾气。"

看着衣柜上触目惊心的钉子，男孩才会对自己乱发脾气的行为有更深刻的感触。否则，他很难意识到自己乱发脾气会给别人带来多么糟糕的感受，也会给人际关系带来多么难以修复的恶劣影响。相信经过改掉坏脾气这个过程之后，男孩就不会再对别人随便发脾气了，这不但有助于自己保持愉悦的心情，而且有助于发展和维护良好的人际关系。

在孩子两三岁的时候，他们的语言表达能力滞后于智力发展水平和情绪发展水平，为此他们很容易因为一些小事情就发脾气。而随着不断的成长，孩子渐渐地自控能力越来越强，这个时候父母就要开始引导孩

子控制脾气。否则，孩子就会陷入被动的情况之中，也会成为情绪的奴隶，而无法真正做到主宰情绪，掌控人生。很多父母都觉得如今的孩子脾气越来越糟糕，实际上原因不仅出现在孩子身上，也与父母总是娇纵和宠爱孩子有密切关系。明智的父母知道孩子尽管得到父母的宠爱，但是终有一日要离开父母的身边，独立在社会上生存，而没有任何人会与父母一样娇纵和宠爱孩子。为此他们会从小就引导孩子控制脾气，让孩子成为情绪的主宰，也成为人生的掌舵者和驾驭者。

从心理学的角度而言，年幼的孩子之所以爱发脾气，还与他们受控于本我有关。本我是孩子最动物性的本能呈现，诸如理性差，情绪控制能力低下，对于很多事情都会当即产生激烈的反应，也不能做到有节制地控制自己的感情，这些都是孩子受制于本我的显著表现。这是因为孩子才刚刚踏上社会化进程，社会化程度不高导致的。因此面对低年级孩子，父母要着重培养孩子形成健全的人格，让孩子更加准确认知自我，也增强自控能力，这样孩子的自控能力才会水涨船高，才会有更好的人生表现。

帮助孩子形成自控力

帮助孩子形成良好的自控力，这当然是一件很艰难的事情，难度很大，并不那么容易做到，尤其是孩子正处于成长和发展的过程中，会发生各种各样的变化。那么，自控能力到底是什么呢？对低年级孩子而

言，就是孩子对于自己的言行举止和思想情绪的控制能力，是孩子能否控制自身意志和活动的重要标志。也就是上一篇所说的对本我进行控制，让孩子表现出更多的社会性，也约束孩子的行为更加符合社会标准。要想引导孩子形成自控力，父母就要让孩子形成正确的自我认知，而且要对自身的各种体验都深入了解。通常情况下，孩子只有人格发展，才会形成自我认知和自我体验，由此可见孩子的成长是一个系统的过程，是不可省略任何步骤和方面的，必须有的放矢、面面俱到和按部就班。

具体而言，父母要怎么做，孩子的自控能力才会增强呢？

首先，父母要帮助孩子增强和提升自我控制的能力和水平。对于低年级孩子而言，他们虽然已经具备了一定的自我认知能力，但是他们对于外部世界的认知，对于自己和他人的认知，还是主要在父母和老师等成人对他们的评价基础上形成的。有些孩子因为自我认知能力相对较差，还会把父母和老师的评价直接拿过来作为自我评价。由此可见，父母在评价孩子的时候一定要很谨慎，不要动辄批评和否定孩子，使得孩子自尊心受到伤害，更不要给孩子贴上负面标签，否则就会让孩子形成错误的自我认知，误以为自己很差劲，就是父母所说的那个样子，为此失去了改进的动力。明智的父母会始终牢记批评孩子的目的，那就是为孩子指出错误，也告诉孩子到底应该怎么做。

很多父母在批评孩子的时候，只顾着发泄自身的情绪，而丝毫没有意识到孩子需要父母的引导，如果父母不告诉孩子怎么做，孩子被父母批评完还是一头雾水，根本不知道自己哪里做错了，也根本不知道自己

应该怎么做才能让父母满意。这样的批评除了给孩子带来糟糕的负面情绪之外，对于帮助孩子提升自我没有任何好处。

其次，父母要对孩子的无理取闹零容忍。很多父母都很爱孩子，对于孩子的任何要求都无限度满足。渐渐地，孩子就会形成以自我为中心的错误想法，总是希望父母无原则无条件满足他们。一旦自身的需求得不到满足，他们就会情绪崩溃，变得非常暴躁，也会随便乱发脾气。这个时候，有些父母因为溺爱孩子，就会对孩子妥协。殊不知，这样一次两次之后，孩子可是特别有眼力见儿的，就会以哭闹和发脾气要挟父母。明智的父母在孩子哭闹的时候绝不会妥协，而是会选择冷处理的方式让孩子自己发泄情绪，恢复冷静。如果孩子闹腾得太过严重，父母也可以对孩子讲道理，或者对孩子适度惩罚。总而言之，绝不可以纵容和姑息孩子，否则孩子的脾气就会变得越来越坏。

最后，父母要想让孩子增强自制力，还要多多在公开场合夸赞孩子，给孩子留面子。正如人们常说的，好孩子都是夸出来的，父母要给予孩子更多的面子，孩子才会主动自发管理好自己。很多父母误以为孩子小，不需要给孩子留面子，实际上孩子的自尊心是很强的。父母要发自内心尊重和平等对待孩子，孩子才会爱惜自己的面子，才会表现得更好。

孩子的自控力不是与生俱来的，实际上新生儿在刚刚出生的时候，更加呈现出本我的状态。正是在后天不断成长的过程中，孩子才接受父母的教育和引导，才接受学校里系统的教育和学习，为此社会化水平越来越高，变得更加懂得规则和意识，更加讲道理，才会在人生之中有更好的表现和呈现。

电视可以看，但要有限度

才几个月的小小婴儿就喜欢看电视，尤其喜欢看广告，这是因为广告的画面感更强，色彩更丰富，为此每当电视上播放广告的时候，婴儿就会扭过头去看。而当电视上播放电视剧的时候，婴儿就兴致索然，不愿意继续去看。随着不断的成长，两岁前后孩子爱上了看动画片，是因为动画片情节简单，色彩明艳，而且动画形象非常生动。这个时候，如果是老人负责带养孩子，就会任由孩子看电视，因为孩子在看电视的时候很好带，不会动来动去，也不会调皮捣蛋。然而，如果对孩子看电视不加以控制，孩子的电视瘾就会越来越大。如今，很多孩子在进行入园体检的时候，都会被检查出眼睛有近视的趋势，就是因为他们经常看电子产品。相比起老人带孩子，父母带养的孩子看电子产品的机会更少一些，一则是因为父母有保护孩子眼睛的意识，二则是因为父母与孩子之间的互动会更多一些。

其实，电视并非不能看，但是一定要严格控制好时间。曾经有心理学家经过研究发现，当孩子长时间沉迷于电视，就会影响智力发育。此外，电视里往往会有一些暴力和血腥的镜头，使孩子受到不良影响。孩子可以适度看一些动画片，或者是科教节目，而不要沉迷于电视剧。看电视是容易上瘾的，因为电视画面色彩鲜艳，孩子坐在舒适的沙发上看电视，还可以吃一些零食，这样的状态安逸舒适，很容易让孩子沉迷其中。

当然，电视也并非对于孩子没有任何好处。好的电视节目可以让孩子开阔眼界，增长知识，也可以让孩子对于很多事情都更加了解。而

且，有些电视台会有专门为儿童录制的节目，这些节目是针对孩子的身心所处阶段录制的，对于孩子的成长会起到积极的作用。

综合这些方面的原因，父母既不要大力支持孩子看电视，也不要对于孩子偶尔看电视的行为感到排斥和抗拒。只要坚持让孩子适度看电视、看合适的电视节目的原则，孩子就可以更加健康快乐地成长。首先，父母要严格控制孩子看电视的时间。只有把控时间，才能保护孩子的视力，也只有把控时间，才可以让孩子避免上瘾。其次，父母还要与孩子约法三章，即孩子必须在完成所有的作业之后才能看电视，而不要因为孩子想提前看电视，就答应孩子先看电视再完成作业。孩子看电视是在进行休闲娱乐，如果因此而分心，就很难再集中精神来完成作业。这也是父母需要坚持的原则。最后，孩子在看电视的时候，可以选择看动画片，也可以看一些知识含量高的科普节目等，这样都是有利于拓宽孩子知识面的，对于孩子的成长会起到积极的作用。

总而言之，父母要当好孩子看电视的卫士，不要总是任由孩子想看什么就看什么。只有给予孩子更大的成长空间，让孩子自由地飞翔，孩子在人生中才会有更好的表现。

要有耐心，学会等待

很多父母都反映孩子没有耐心，实际上缺乏耐心已经成为孩子的通病，这是因为孩子从一出生就是家里的小公主、小霸王，就得到了家人所有的爱和关注。为此不管他们有什么需求，家人都会第一时间满足他们，渐渐地，他们就越来越缺乏耐心，根本不愿意去等待。在心理学上，有一个名词叫延迟满足。延迟满足告诉人们，只有那些能够等待的孩子，才可以等到合适的时机获取自己的所求，才可以更加理性地控制好自己的欲望。因此，孩子没有耐心是很可怕的，这意味着他们总是过于急躁，也会在各种情况中变得很焦虑，不能等待。

低年级孩子刚刚结束了幼儿园的生活，进入现在的小学阶段，为此他们也常常会表现出没有耐心的样子。尤其是最初开始完成作业的时候，他们也许因为新鲜会耐心完成，但是随着对于写作业的新鲜感减弱，他们就会越来越厌倦写作业，也会情不自禁想要逃避。所以低年级孩子没有耐心的直接影响就是，他们很有可能不愿意完成作业，还有可能在课堂上不愿意认真听讲。为此，父母要想帮助孩子养成良好的学习习惯，首先要培养孩子的耐心，引导孩子学会等待，这样孩子才会更加健康成长，才会坚定不移做好更多的事情。

当孩子努力去做一件事情的时候，也许会成功，也许会失败，但是如果孩子放弃了努力，就会彻底失败。因此，父母不要觉得孩子缺乏耐心是一件小事情，而是要意识到孩子必须有耐心，才能把很多事情做好。父母不要急于督促孩子学习或者提升孩子的学习成绩，而是要从长远的角度进行考虑，从而培养孩子的耐心。做很多事情都需要耐心，学习写一个拼音，学习背诵一首古诗，或者学会一道算术题，都需要孩子有耐心，才能把事情做得更好。没有耐心的孩子往往表现非常急迫，对于很多事情都急功近利，而缺乏认真细致把事情做好的决心和勇气。古

人云，学而时习之，没有耐心的孩子在学习新知识之后无法做到主动复习，为此会呈现出很糟糕的状态。对于孩子而言，一定要更有耐心，才能学习好，才能把生活处处兼顾到。

法国大名鼎鼎的诗人拉封丹就曾经说过，激励和狂热，远远不如持久和耐心。孩子的成长是漫长的过程，学习更离不开持久的努力和坚持，尤其是面对庞大的知识系统，孩子更是需要不断地坚持接纳，也要进行消化和吸收，才能取得最好的效果。为此，父母一定要想方设法培养孩子的耐心。当然，所谓培养孩子的耐心，并不是告诉孩子要有耐心这么简单，而是要通过具体的事情去磨炼孩子的心性。可以让孩子学习象棋，培养孩子冷静思考的能力，孩子的耐心也会与日俱增；可以让孩子负责照顾一种植物或者小动物，这样孩子才能在用心付出的过程中，让自己的耐心越来越强；也可以让孩子练习书法，当孩子能够写得一手好字的时候，他们也就同时做到了修身养性，耐心也会得以增强……总而言之，培养孩子耐心的方式有很多，父母一定要用心引导孩子，孩子才会不断成长。

此外，父母还要学会延迟满足孩子。很多父母一旦孩子有需要，总是要第一时间满足孩子，殊不知，当孩子总是得到父母无原则、无限度、最迅速的满足，未来，哪怕只是稍微晚一些满足孩子的需要，习惯了第一时间得到满足的孩子就会变得急不可耐，也会因此而很焦虑和烦躁。为此，父母要在日常生活中有意识地对孩子开展延迟满足，唯有如此循序渐进，孩子才能渐渐地习惯于延迟满足，也变得越来越有耐心。

要想让孩子坚持去做一些事情，父母还要利用孩子的兴趣，对孩子展开教育。众所周知，人们做自己喜欢的事情总是能做到更好，也会有更大的耐心，但是如果做自己不喜欢的事情，就会变得缺乏耐心，也不愿意坚持下去。为此，父母要激发孩子做事情的兴趣，这样才能让兴趣成为孩子最好的老师，始终引导孩子成长和坚持。

第8章
鼓励创造,孩子的大脑是越用越灵活的

很多父母都会给孩子贴上负面标签,殊不知,这会导致孩子在成长过程中形成错误的自我认知,甚至自暴自弃。孩子的信心来自父母的鼓励,父母一定要激励孩子勤于使用大脑,这样孩子的思维方式才会越来越灵活,孩子才会更加具有创新性,才能获得突破。

脑子要经常用才灵活

在学习的过程中,很多孩子都会遇到困难,导致学习能力无法有效提升。当孩子成绩不好的时候,父母也会感到很着急,对孩子恨铁不成钢,并且不假思索就说孩子太过愚笨。殊不知,"愚笨"这个词语如果随随便便就对孩子说出来,会导致孩子形成错误的自我认知,也会使孩子在成长过程中变得越来越被动,甚至自暴自弃。不得不说,尝试了还能获得一定的机会,有可能失败也有可能成功,但是如果直接放弃努力,则只能彻底失败。为此,父母要想方设法激励孩子不断努力,消除孩子的惰性,从而让孩子更加勤于使用大脑。从某种意义上来说,大脑就像是机器一样,如果长时间不用,就会生锈,只有坚持使用大脑,才会让大脑变得更加灵活,运转顺利。

孩子正在成长的过程中,大脑具有很强的可塑性。当然,孩子的大脑之所以具有可塑性,是因为孩子的智力正在持续发展,而且孩子具有越来越多的外部经验。为此,父母要激励孩子更加主动探索环境,更加积极学习,唯有如此双管齐下,大脑的可塑性才会越来越强。当孩子在学习方面提升到更高的层次,就需要他们对旧有的资源和知识进行整合,在学习新知识的时候,也把新知识与旧有的知识进行整合。这样一来,才能把新旧知识贯穿起来,形成更加紧密的联系。在自然界,很多生物的功能都符合用进废退的原则,其实这样的生物法则同样适用于人

类的大脑。

近些年来，很多的教育专家越来越关注孩子的敏感期。实际上，要想让孩子在敏感期得到更快速的成长和发展，就要让孩子在敏感期得到适度的刺激。有些孩子在敏感期没有得到相应的刺激，会导致错过敏感期的发展。孩子长大之后，还会因为错过了这个敏感期而出现发展的异常，需要补充上这个敏感期，才能更加快速成长。当然，若孩子处于特殊的人生发展阶段，如果错过了相应的刺激，就会导致成长陷入困境状态。总而言之，孩子的大脑需要刺激，只有更加频繁地使用大脑，才会让大脑的功能得以全面发展，才会让大脑的功能变得越来越完善。

如今，有很多父母会在孩子小时候就督促孩子进行机械记忆，并且以此来激发孩子的记忆能力，促进孩子的记忆力发展。在美国，有一位大名鼎鼎的科学家研究发现，每个人的脑部容量都是很强大的。他甚至提出，假如一个人在漫长的一生中始终坚持孜孜不倦地学习，则他在一生之中可以看很多的书籍，甚至知识的储备量可以达到大型图书馆的几十倍之多。看到这样的数据，简直太让人惊讶了。遗憾的是，大多数人都没有完全开发脑部的强大功能，而是因为受到各个方面因素的影响，导致只用了大脑储备量的百分之一。因此作为父母一定要经常激发孩子的大脑功能，让孩子的脑部储存量变得越来越强大。唯有如此，才能激发孩子更多的脑部潜能，从而让孩子能够记忆更多的东西，也让大脑变得越来越灵活，成为储藏知识的宝库。

对于1~2年级的孩子而言，学习的内容相对简单，不过对他们却是一个挑战。因为他们此前在幼儿园里过的是轻松快乐的生活，以玩耍和游戏为主。进入小学阶段，学习方面有很大的挑战性，孩子的学习难度变得更大，为此父母一定要引导孩子更好地使用大脑，从而让孩子的大脑变得更加灵活，也让孩子的脑部容量越来越大。父母需要注意的是，孩子的智力发育需要多方面、全方位的刺激，为此不要只盯着孩子学好语数外，而是要引导孩子全面发展。诸如，也要让孩子学好体育、音乐、绘画、科学等，还可以多给孩子机会参与家务劳动，发展孩子的劳动能力。唯有如此，孩子才能健康快乐成长，才能德智体美劳全面发展，才能变得更加充满智慧。有人说，父母的格局决定了孩子的未来，实际上，父母如果能够更多地了解孩子的身心发展规律和特点，有的放矢地引导和帮助孩子，则孩子未来就一定会更加健康茁壮成长，也会获得长足的进步和发展。

有灵巧的双手才会有灵活的头脑

如今，很多孩子的动手能力都很差，这是因为他们从小习惯了衣来伸手、饭来张口，根本不愿意凡事亲力亲为。在这样的安逸舒适的成长过程中，孩子的动手能力会越来越差，但是这并不意味着孩子的大脑会变得更加灵活。很多父母为了给孩子节省更多的时间用于学习，总是恨不得事事代劳孩子去做，实际上，这对于孩子而言是很糟糕的。俗话说，心灵手巧，一个人心思的灵活会表现在动手能力上，同样的道理，一个人只有让双手变得灵巧，才会有更加灵活的思想，才会让大脑更加

快速运转，变得更加充满智慧。

作为父母，不要为了让孩子有更充分的时间和更多的精力用于学习，就什么都不让孩子干，而是要有的放矢地促进孩子全方面发展，这样孩子才会更加健康快乐。明智的父母会给孩子更多的机会去历练自己，让孩子知道只要把事情做得更好，就能心思灵活，就能充满智慧。这是因为对于人的身体而言，手部的作用至关重要。尤其是对于低年级孩子而言，只有多多动手，才能促进孩子智力发育，才能让孩子有更灵活的大脑和更多的聪明智慧。孩子在动手的过程中，其实脑部并没有闲着，而是也在同步进行认真周密的思考。当孩子习惯于一边动手，一边进行思考了，则孩子的脑部指挥路径会在反复练习中变得更加熟练，而且手部肌肉也会变得更加强健和发达。所以人们才会常说熟能生巧，就是说反复练习是提升相关水平的最好方式，人们也说勤能补拙，笨鸟先飞，也是告诉我们可以用勤奋来增强能力，以获得更好的成长和更快速的发展。

作为伟大的教育家，陶行知先生主张人要手脑并用。遗憾的是，在现实生活中，很多父母过于重视对孩子的智力开发，也总是把孩子的学习放在首位，导致孩子只知道学习，一心只读圣贤书，两耳不闻窗外事，结果变成了不折不扣的书呆子。有些孩子学习成绩出类拔萃，充满智慧，但是他们的智慧只适合纸上谈兵，而不适合进行实际操作和演习，因为他们的生活能力很差。其实，在幼儿园的时候，老师就会教孩子一首歌，告诉孩子大脑和双手是人生的两个宝贝，只有把这两个宝贝都联合起来使用，才会收到最好的效果。作为父母，切勿成为孩子的保姆，更不要什么事情都代替孩子去做，而是要激励孩子不断地成长、持续地进步，这样才能让孩子更加有的放矢地成长，也获得更大的进步和更好的未来。

除了让孩子做家务锻炼孩子的肢体动作和协调性之外，为了增强孩子手部肌肉的灵活性，父母还可以创造各种机会让孩子积极锻炼。如今有很多的折纸书，就可以帮助孩子进行手部精细动作，对于培养孩子的动手能力有良好的作用。在日常生活中，还可以让孩子做一些精细的家务活，如叠被子、穿针引线等，这都是对孩子很好的锻炼方式。很多父母不但不让孩子做家务，也不创造机会让孩子得到锻炼，还会代替孩子收拾书包和文具盒，使孩子只会学习和写作业。父母帮助孩子收拾书包和文具盒还有一个弊端，那就是不但剥夺了孩子培养各方面能力的机会，而且使孩子渐渐地习惯于依赖父母。有些孩子根本不关心自己的书包是否收拾好，也不知道自己的文具盒里是否有足够用的文具，而是把这一切责任都推卸给父母。不得不说，这对于增强孩子的自理能力、培养孩子的动手能力都是极其不利的。作为父母，我们要更加有的放矢地引导孩子进行锻炼，不要剥夺孩子的动手机会，还要创造更多的机会给孩子去锻炼手部的灵活性，增强孩子的动手能力，也促进孩子的脑部发育。

勇于实践，培养创新精神

最近，爸爸发现家里的闹钟买回来没几天，就会被闹闹拆卸得七零八落。在闹闹拆坏了几个闹钟之后，妈妈很想禁止闹闹再这么破坏，却

被爸爸阻止了。爸爸说："闹闹这么爱拆卸闹钟，说明他很喜欢研究和捣鼓，这对于孩子而言是很好的行为表现，要支持，而不要禁止。"妈妈说："好几个闹钟都被拆坏了，我隔几天就要再买一个新的来。"爸爸帮助妈妈平衡心态："这没关系，有的时候，咱们不还要专门买玩具给闹闹玩吗，他却不一定喜欢玩。现在，不如就把闹钟当作他的玩具，他玩得乐此不疲，还能得到学习和成长，可谓一举两得。让他再拆几个闹钟，我就准备在周末的时候引导他再把闹钟组装起来。"在爸爸的一番劝说下，妈妈总算打消了要和闹闹认真谈一谈的想法，索性一股脑儿又买了好几个闹钟回来，就让闹闹拆个够。

果然，闹闹又拆坏了好几个闹钟。周末，爸爸对闹闹说："闹闹，再这么拆下去，咱家都需要去批发闹钟了。今天咱们一起把游戏的难度提升一下，不但拆卸闹钟，还要负责把闹钟组装起来，怎么样？"闹闹听说要组装闹钟，感到很兴奋，当即和爸爸动起手来。为了记得闹钟相应的部位在什么地方，爸爸还提醒闹闹应该一边拆卸一边绘画简易的构造图，这样在组装的时候就可以起到提醒的作用。闹闹拆卸闹钟轻车熟路，很快就把闹钟拆完了，不过组装闹钟还是第一次，在他和爸爸的合力之下，花费了3个小时，才把闹钟组装好，而且功能也恢复正常。闹闹马上就爱上了这个新的挑战性工作，索性把之前拆开的闹钟也都一一组装。这个工程量很浩大，耗费了闹闹几个周末的时间。从一开始需要和爸爸鼎力合作，到后来可以独立把闹钟组装完成，闹闹的进步显而易见，也让爸爸妈妈都感到非常欣慰。

很多父母都会发现孩子特别喜欢瞎捣鼓，尤其是男孩子，似乎天

生就是"破坏大王",尤其喜欢拆卸家里的很多东西,拆完了却不知道怎么安装回去。面对孩子这样的情况,妈妈们常常会感到心疼,觉得孩子把东西都拆坏了,而爸爸们看到孩子的探索精神,情不自禁就会想起自己小时候,会对孩子表示理解和支持。其实,事例中闹闹爸爸说得没错,与其给孩子买那些玩不了几次就厌倦的玩具,还不如支持孩子多多拆卸和研究各种东西呢!孩子拆卸东西的过程正是在进行研究的过程,为此父母要有的放矢地引导和帮助孩子,才能让孩子的研究更加深入,才能让孩子对于瞎捣鼓的热情更加高涨。

  1~2年级的孩子还没有明确的创新意识,他们瞎捣鼓就是在研究和创新。在拆卸的过程中,他们对于机械的原理更加了解,在不停捣鼓的过程中,他们慢慢地摸索,也许渐渐地就可以把那些拆掉的东西尝试着组装起来。而且在拆卸和组装的过程中,他们对于各种东西的工作原理也会有更深入的理解。古今中外,那些伟大的发明家都是很善于组装和拆卸的人,都是动手能力很强的人,所以他们才能进行发明创造。此外,当孩子喜欢亲自动手去验证各种道理的时候,他们的质疑精神也就得到发展,他们会更愿意亲自求证和验证。可想而知,在此过程中孩子的思维能力得到快速发展,他们的创新能力在思考过程中也会得到显著的发展。为此,父母一定不要禁止孩子拆卸东西和瞎捣鼓,而是要鼓励孩子更多地动手去做,亲身去实践,这样孩子各方面的能力才会越来越强,孩子的创新精神最终才会绽放出不一样的光彩!

第8章 鼓励创造，孩子的大脑是越用越灵活的

给孩子机会多多动手

意识到孩子的动手能力强是一件好事情，有助于发展孩子的创新思维，增强孩子的创新能力之后，很多父母就会从反对孩子拆卸和瞎捣鼓，到鼓励孩子拆卸，培养和增强孩子的创新能力，不得不说，这是很大的进步，对于孩子的成长有莫大的好处，不但有助于增强孩子的动手实践能力，而且会让孩子的创新能力得到长足的发展，对于孩子的未来和成长也有积极的意义。其实，父母只是支持孩子动手还远远不够，还应该创造更多的机会给孩子动手，这样才是有的放矢地对孩子展开了引导，对于帮助孩子成长将产生至关重要的作用和非同寻常的意义。

那么，父母应该怎样做，才能培养孩子的动手能力呢？

首先，父母要端正心态，不要心疼东西被弄坏。很多父母愿意花费很多的钱给孩子购买玩具作为礼物，却不能接受孩子把家里的小玩意拆卸开来。其实，诸如闹钟、小型录音机等各种东西，未必有孩子的玩具那么贵，而在拆卸这些东西的过程中孩子却会得到学习和成长，为此父母要支持孩子拆卸，最坏的打算就是把这些东西当成孩子的玩具，孩子玩坏了却不能组装起来。当然，孩子未必总是破坏大王，在进行了长期的钻研和学习之后，孩子总能获得成长，而且说不定动手能力在此过程中得以增强，就可以把东西拆掉之后再努力复原。这样一来，父母不但可以避免损失，也保护了孩子的动手能力，激发了孩子的创新能力，当然是一举数得。

其次，当孩子还没有拆卸的意识时，为了培养孩子的动手能力，父母可以引导孩子进行更多的练习。例如，给孩子买乐高玩具，或者其他的需要动手组装和不断变化的玩具，这对增强孩子的动手能力也是有好处的。生活中，处处留心皆学问，父母要更加激励孩子勤于动手，也要保护孩子动手的热情。

再次，除了给孩子玩积木、组装玩具之外，当孩子的动手能力越来越强，其思维能力也得以增强，父母还可以带着孩子一起玩拼图。拼图的难度各不相同，要根据孩子的能力，让孩子从简单的拼图开始玩起，遵循由易到难的原则，这样孩子的能力才会不断增强。玩拼图，对于孩子的思维也是一个很好的锻炼，孩子在玩拼图的过程中，既要关注到细节，也要关注到整体，只有面面兼顾，才能把拼图玩好，拼接完整。

最后，父母还可以从生活中找到很多实用的材料，引导孩子一起动手。例如，利用大号的纸箱子做一个玩具屋，利用小号的鞋盒子做一个用来储物的东西，这些对于孩子而言都是很好的锻炼，可以让孩子在看到生活中各种东西的时候有巧妙的思考，也有更高的成长。

总而言之，对于孩子而言，生活中处处都是学习的机会，父母一定要经常引导孩子努力上进，才能对孩子的成长起到积极的助力作用，才能让孩子的成长有更高的效率，获得更好的发展。孩子的成长是不可逆的，在成长的过程中点点滴滴的进步，对于他们的人生都会起到至关重要的影响。作为父母，一定要更加用心陪伴孩子成长，孩子才能持续地进步，坚持进取，才能在不断前进的人生道路上获得更大的成长空间，也有更好的人生表现。

不要否定孩子的奇思妙想

对于听到的东西,孩子很容易就会忘记,对于看见的东西,孩子的记忆力会更加深刻,而对于亲手做过的东西,孩子的理解力爆棚,会得到更加长足的进步和发展。为此,父母在陪伴孩子成长的过程中,一定不要只顾着对孩子说教,而是要给予孩子更多的机会亲眼见证,亲身实践,这样才能对孩子的成长起到积极的引导和帮助作用。

古今中外,很多的伟大发明都来源于奇思妙想,因此作为父母,一定不要忽略孩子的奇思妙想,更不要从来不把孩子的金点子放在心上。遗憾的是,现实生活中,很多父母每当听到孩子的奇妙想法都会否定孩子,而不会第一时间认可和支持孩子。他们始终认为孩子的想法只是一时兴起,也常常觉得孩子的想法根本不可能实现。其实不然。既然有大量的发明创造都来自偶然的想法,父母凭什么就能判定孩子的想法不会实现呢?一个想法,总是要经历孕育的过程,也要经历多次的实践,再加上持续地改进,才能变成现实。作为父母,要更加尊重孩子,也要理解和支持孩子,更要为孩子进行发明创造提供便利的条件。唯有如此,孩子才能获得精神上的鼓励,才能获得物质上的支持,从而获得更好的成长和人生的成就。退一步而言,即使孩子的发明创造最终失败了也没关系,至少孩子在坚持实践的过程中可以积累更多的经验,也可以获得长足的进步和发展。如果,孩子在父母的打击下总是还没有尝试就轻易放弃,当然不可能变得更加坚强乐观,也不可能获得更大的进步。

一切的发明创造都是从现实生活中得来的,只有激发孩子勇于创

新、坚持实践的精神，孩子才会不断地成长，持续地进步，才会得到更多的灵感和启迪。而如果孩子在成长过程中总是被各种事情限制和禁锢住，则他们就会变得束手束脚，思维得不到发展，自然会变得很颓废沮丧。作为父母，一定要大力支持孩子，也要给予孩子更多的引导和帮助，这样孩子才能在发明创造的道路上越走越远，才能在人生之中获得巨大的进步和伟大的成功。

小时候，钱学森和小伙伴们一起玩纸飞机。在当时，孩子没有其他玩具可以玩，因此对于纸飞机情有独钟。他们还在玩纸飞机时想出了很多的新花样，如比赛谁的纸飞机飞得更稳当，飞得更远。每次，钱学森的纸飞机总是飞得最平稳，也最远，就像被施了魔法一样在空气的作用下平稳地滑翔。而其他小伙伴的飞机，常常才飞出去一会儿就一头扎在地上。为此，钱学森每次都能获得纸飞机比赛的第一名，也有很多小伙伴都向钱学森求教。

原来，钱学森的纸飞机一开始也不能飞得这么远，他也是在不断尝试和练习的过程中，坚持改进，才能把纸飞机飞得这么远的。钱学森告诉小伙伴们：飞机要轻重适宜，太轻了就会突然升入天空中，太重了就会一头扎到地上，只有轻重适宜才能保持平稳。扔纸飞机的时候，也不要随随便便就把纸飞机扔出去，而是要注意风向，只有借助于风力的作用，让纸飞机顺着风力去飞，才能飞得更加平稳，也更远。在钱学森的帮助下，小伙伴们都对纸飞机进行改良，而且在扔出纸飞机的时候选择正确的风向，果然他们的纸飞机也有如神助，飞得更平稳、更远了。

众所周知，钱学森是大名鼎鼎的空气动力学家，他之所以能够在空

气动力学领域有如此伟大的成就，和他从小就很善于观察，也会把自己的奇思妙想付诸实践有密切的联系。作为父母，我们千万不要总是禁止和限制孩子，而是要给予孩子更大的空间去实践各种奇怪的想法，也要给予孩子更多的机会，支持孩子把梦想变成现实。其实，孩子天生就是一个小小的探索家，随着大脑的发育，他们的动手能力也会越来越强。很多父母会无形中扼杀孩子动手的积极性，而明智的父母则会保护孩子动手的积极性，让孩子更加热爱动手实践。有心的父母还会引导孩子注意观察生活中的很多事物，这样一来，孩子才会更加有灵性，才会变得更加有观察力。

孩子的成长离不开父母的帮助和引导，有意识培养孩子创新能力的父母，会常常启迪孩子，激发孩子的灵感，增强孩子的创造力，让孩子更加积极主动地成长。总而言之，父母要支持和鼓励孩子勤于动脑，勤于动手，而不要无形中阻碍孩子的成长和发展。

认真倾听，保护孩子的创新意识

杰米是个非常喜欢动手的孩子，尤其是升入二年级以来，也许是知识启迪了他的灵感，他表现出更加明显的创新性，家里的东西就更加遭了殃。妈妈总是发现家里的东西被杰米弄坏，简直要抓狂，要不是爸爸一直坚定不移支持杰米动脑动手，妈妈早就要下令禁止杰米破坏家里的东西了。

春节期间，家里每天都有客人来，爸爸妈妈忙着招待客人，杰米可算是获得了自由，每天都在储物间里捣鼓各种东西。有一天，客人来得很多，爸爸要去储物间里拿大圆桌出来用，却发现桌子被杰米拆卸得七零八落。爸爸提醒杰米："妈妈做好了饭菜等着摆好桌子端上来呢，你赶紧把桌子装好，否则妈妈会抓狂的，到时候我也不能保护你了。"爸爸话音刚落，妈妈就来到储物间里催问爸爸是否找到了桌子，爸爸说："稍等一下，桌子有个地方的螺丝松动了，我需要拿螺丝刀紧一紧。"把妈妈搪塞过去，爸爸问杰米："你在干吗呢？"杰米说："我觉得圆桌这样摆放着太占用空间了，我想研究一下怎么才能让圆桌变成折叠桌。"爸爸对杰米竖起大拇指，说："嗯，这的确是个好创意。不过咱们现在先赶紧把圆桌装好，吃完这顿饭，我们再来一起研究一下，好不好？"杰米连连点头。傍晚的时候，客人们都走了，杰米和爸爸一起研究圆桌，把各个部件拆卸下来，这才发现只要在几个地方装上合页，就能让圆桌折叠起来，节省空间。确定了改造圆桌的思路，又用了两个多小时，杰米和爸爸终于操作完成。看着改造后的圆桌，妈妈也觉得用起来方便多了。

在这个事例中，如果爸爸一开始不由分说就训斥杰米，觉得杰米胡乱拆卸耽误了圆桌的正常使用，则杰米一定会因为遭到误解而感到委屈。作为父母，在看到孩子做出特别的举动时，我们一定要理智对待孩子，耐心倾听孩子，这样一来，孩子的创新意识才能得到保护，创新能力才能得以发展。

没有孩子天生就喜欢创造，也没有孩子天生就特别聪明。其实，大

多数孩子的智力发展水平相差无几。之所以有些孩子显得更加聪明，充满智慧，就是因为他们在后天成长的过程中不断地努力进取。也有一些父母觉得孩子心思简单，因此对于孩子的很多想法都不放在心上，也不够尊重孩子。实际上，孩子的很多想法和成人的视角不同，一旦得以实现，反而会有让人喜出望外的效果。

为了培养孩子的创新意识，父母在日常生活中就要尊重孩子，给予孩子表达想法的机会，也多多支持孩子，鼓励孩子。很多父母都为亲子沟通而发愁，也不知道如何才能激发孩子的思维发展，实际上，当父母可以做到认真倾听孩子，孩子就愿意向父母表达自己的奇思妙想，从而不但可以培养孩子的创新能力，也可以增强孩子的语言表达能力，获得更快速的成长和更大的进步。孩子得到机会表达，实际上就相当于在进行自我成长，父母要多多给孩子这样的机会，以示对孩子的支持和鼓励。

第9章
帮孩子建立规则意识，越早越好

新生儿刚刚出生的时候，动物性得到最大展现，自我与本我完全合二为一。随着不断的成长，孩子各方面的能力都得以增强，渐渐地脱离了本我，形成了自我。在此过程中，孩子也在对自己进行被动或者主动的塑型，父母一定要抓住这个机会培养孩子的规则意识，帮助孩子树立规矩，这样一来，孩子才能健康快乐，获得更好的成长，也获得真正的自由。

爱与自由，让孩子更加自主

很多父母误以为，只有更加严格要求孩子，孩子才能有规矩，才能健康成长。实际上，父母过度管教孩子，对于孩子并没有那么多好处，这是因为当孩子习惯于依赖父母的管教去约束自己，则他们的自我控制力就会越来越差。作为父母，要给予孩子爱与自由的环境，孩子的自控力才会得到发展，孩子才会有更大的成长空间，更有主见，更能够坚定不移做好自己的主人。

不可否认的是，孩子越是懂得规矩，各方面越是能够得到快速发展和成长，他的言行举止也会更加得体。从幼儿园进入小学，孩子正式迈出了进入社会生活的第一步，他们需要独立与老师、同学相处，为此他们面临巨大的挑战。孩子的心理发育毕竟不成熟，为此他们很容易情绪激动，也很容易产生冲动。越是在这样的情况下，父母越是要给孩子爱和自由的空间，这样孩子才能更加积极主动控制好自己，才能把很多事情做到最好。反而是那些总是被父母严格约束和管教的孩子，越是缺乏自制力，也越是会在成长过程中不能合理控制好自己，使自己陷入被动的状态，内心很焦虑和紧张。为了避免孩子在进入社会生活之后出现各种误区，父母应该从小就培养和增强孩子的规矩意识，这样孩子才能有秩序可以遵循，才能有规则意识。

父母要端正态度，意识到管教孩子不是对孩子严格约束，而是要给

予孩子更多自由的空间，从而激发孩子的自我管教力，让孩子更加积极主动。父母要知道，只靠着父母对于孩子的严格约束和管教，无法让孩子始终都有稳定的表现。因此，最根本的在于激发孩子的自身力量，让孩子主动管理好自己。这样的孩子，才能在学习上有更加稳定的表现，才可能有持久的力量。

最近这段时间，妈妈发现陶子每天晚上写作业的时候总是磨磨蹭蹭，原本一个小时就能完成的作业，陶子却要三四个小时才能完成，每次写完作业都要抓紧时间洗漱，还会拖延睡觉的时间。妈妈认真反思陶子的变化，发现陶子是从妈妈开始要求他每天晚上完成学校里的作业之后，还要完成课外作业才变得越来越磨蹭的。妈妈意识到，陶子也许是不想完成课外作业，所以才会这么磨蹭。为此，妈妈改变了规定，对陶子说："以后，你不用每天都完成课外作业，可以每隔一天完成一次课外作业，其中有一天在完成学校里的作业之后就可以休息、看书，或者玩耍，也可以玩半个小时游戏。"听到妈妈的新规定，陶子高兴得一蹦三尺高，从此之后，陶子再也没有拖延写作业，而是每天都很及时完成作业。一天休息和娱乐，一天完成课外作业。看到陶子又恢复了完成作业的积极性和高效率，妈妈觉得很欣慰。

在这个事例中，陶子之所以会马上改正不良的作业习惯，就是因为妈妈为他创设了自由的环境，所以他才能积极改变自己。此前，因为妈妈给陶子规定每天完成学校的作业后还要完成课外作业，所以陶子感到很苦恼，也失去了快速完成作业的兴趣。幸好妈妈及时发现问题，及时改进，才能调整陶子的心态，让陶子对于完成作业有更好的表现。

明智的父母知道对于孩子的管教要做到张弛有度，要适度，才能对孩子起到最好的激励作用，才能帮助孩子健康快乐成长。就像事例中的妈妈给了陶子更多的自由，陶子才愿意提升学习和完成作业的效率，从而让自己在成长过程中有更好的表现。相信经过内驱力的驱动，陶子会始终保持这样稳定的状态，而且将来在自己安排和计划学习的时候，也会有更加充分的经验引导。

　　作为父母，在给孩子制定规矩的时候，除了要约束和管教孩子之外，还要给孩子更多的爱和自由，这样孩子才会积极地遵守规矩，也学会为自己制定规矩。记住，任何时候，父母都要更加关注孩子内心的渴望与需求，只有在满足孩子真实需求的基础上，才能激发孩子的自控力，让孩子学会对自己负责。在此基础上，父母再以合理的方式引导孩子制定规矩，给孩子更加充满爱和自由的空间，孩子才会成长得更加健全，内心更加强大。

明智的父母会给孩子制定恰当的规矩

　　每个父母都希望孩子能够遵守规矩，毕竟现代社会中需要遵守的规矩越来越多，而不遵守规矩的人也越来越多。所以孩子遵守规矩，不但是一种素质和涵养的表现，也是孩子的一种优秀品质。通常情况下，立规矩是父母帮助孩子形成规则意识、学会遵守规矩的常见做法。孩子生活中牵涉的方方面面，都需要父母为孩子确立规矩，然而，父母为孩

子制定规矩是有限度的，如果父母总是事无巨细约束和限制孩子，则孩子非但不会懂规矩、遵守规矩，还会故意与父母对着干。这难道是因为孩子调皮捣蛋，不愿意遵守规矩吗？当然不仅是孩子的原因，更多的时候，是因为父母为孩子制定规矩的做法不够妥当，由此激发了孩子的逆反心理，导致孩子故意与父母对着干，也为了追求自由而不惜违背父母的意愿。

为了从根本上解决这个问题，父母的当务之急不是要以更加严厉的方式限制孩子，更不是要把孩子看得死死的，让孩子没有喘息的机会和空间。明智的父母知道，哪里有压迫，哪里就有反抗，父母要想让孩子更加愿意遵守规矩，就要给孩子爱与自由的成长环境和氛围，此外还要找到合适的方式为孩子制定规矩。这样一来，孩子才能对父母的管教和约束怀有积极的态度，才能把父母的教育行为内化为自己内在的行为准则，孩子才算是形成了规则意识，在学习和生活中才能积极主动地遵守规矩。

具体而言，父母在给孩子制定规矩的时候，要遵循以下的原则。

首先，要尊重孩子的成长节奏，给予孩子自由的成长空间和氛围。孩子虽然小，但是需求可不少，他们有生理需要、心理需要、感情需要、自我实现的需要、爱与归属的需要等。总而言之，马斯洛的需求层次理论并非只针对成人，也完全符合孩子的需求。为此，父母一定要更加积极主动地满足孩子这些方面的需要，才能让孩子的内心保持平衡的状态，适度约束和管理好自己，让自己符合社会规范，从而在成长的历程中有更好的表现。遗憾的是，现在很多父母都忽略了孩子这些方面的

多层次、复杂的需要，他们总是对孩子提出各种苛刻的要求，对于孩子期望过高。

思琪正在读小学二年级，但是对于10以内的加减法运算还不够熟练，为此妈妈感到非常着急，每天思琪放学回到家里，等到思琪做完学校里的作业，妈妈就会给思琪出一些计算题，然后看着思琪反复练习。一开始，思琪还能主动配合，但是妈妈竟变本加厉，从盯着孩子学习到9点钟，到盯着孩子学习到10点钟。有一天，思琪正在做着妈妈出的计算题，居然睡着了，铅笔险些戳到眼睛。妈妈这才让思琪去睡觉。

因为没有得到充足的睡眠，思琪每天都觉得很困倦，早晨才上第一节课，她就哈欠连天，听讲的时候心不在焉。后来，老师特意打电话和妈妈沟通，问思琪为何睡眠不充足。妈妈这才意识到自己总是死盯着思琪进行计算题练习，影响了思琪的睡眠，也影响了思琪的课堂听讲。

孩子学习新知识有一个接受和消化的过程，思琪对于所学习的新知识，也许理解得慢了一些，妈妈就采取这样揠苗助长的方式，压迫思琪学习，非但没有收到预期的效果，反而导致事与愿违。作为父母，一定要尊重孩子内心的节奏，只有给予孩子内心的自由，孩子才能更加全方面发展，变得更有灵性。父母不要总是一味地给孩子制定规矩，也要意识到父母同样需要遵守教育孩子的规矩，那就是尊重孩子内心的自由。如果父母违背了这个规矩，就会导致孩子变得迷惘和困惑，孩子当然无法按照自己的节奏去快乐地成长，更不可能在生命的历程中始终都有出类拔萃的表现。

其次，父母在制定规矩的时候要询问孩子的意见，也要尊重孩子

的意见。很多父母制定规矩总是搞一言堂，他们觉得孩子必须听从父母的安排，为此对于孩子的任何表现都怀着不以为然的态度，对于孩子的意见和态度也完全置之不理。殊不知，父母制定规矩就是让孩子来遵守的，为此父母一定要尊重和重视孩子的意见，这样才能让制定出来的规矩不至于脱离实际。有些父母会说，制定规矩原本就是为了约束孩子，如果遵从孩子的意愿去制定规矩，那还如何对孩子起到约束作用呢？需要注意的是，尊重孩子的意见和态度，并非指的是要对孩子言听计从。而且，在制定规矩时，可以引导孩子进行理性思考和权衡，增强孩子的自控力，可谓一举两得。如果父母脱离实际制定规矩，孩子却很排斥，不愿意遵守，那么规矩也就无法起到预期的作用。父母要记住，制定规矩的目的是引导孩子成长，约束自我，而不是让孩子对于规矩感到排斥和抗拒，从而使得规矩形同虚设。

最后，父母要督促孩子遵守规矩。父母在为孩子制定规矩的时候，既然已经参考了孩子的意见，也是在与孩子意见一致的情况下制定的，那么规矩就要很详尽，而且父母要督促孩子严格遵守规矩。这样一来，孩子才能知道规矩的重要意义，才能积极主动遵守规矩。有些父母对于孩子总是无原则，无限度，实际上这会导致规矩失去作用，也会使得孩子的规矩意识淡薄。一开始要求孩子遵守规矩的时候，一定会遭到孩子的反对和抗拒，没关系，父母要耐心地和孩子讲道理，告诉孩子遵守规矩的必要性。而且，父母也要作为榜样，给孩子积极的影响力。当孩子看到父母都主动遵守规矩，也就无话可说，只能乖乖遵守规矩。由此可见，规矩的制定应该是适用于全家人的，而不要只是针对孩子，否则就会引起孩子的反感，父母也会涉嫌只许州官放火，不许百姓点灯。

总而言之，形成规矩意识，养成遵守规矩的好习惯，必然让孩子一生受益无穷。但是，这个目标并没有那么容易实现，作为父母，一定要对孩子更有耐心，也要以身作则给孩子树立好榜样，这样孩子才能在生活和学习中有更好的表现，才能在孩子成长的道路上，给予孩子更大的助力和支持。

保证孩子拥有充足优质的睡眠

周六的早晨，乐乐有兴趣班要上，为此要在8点钟，搭乘爸爸上班的便车，赶去上课地点。然而，也许是因为前一天晚上睡觉太迟，所以次日早晨7点半妈妈准时去喊乐乐起床时，乐乐翻了个身就又接着睡觉了。后来，奶奶又去喊了乐乐两次，但是乐乐怎么也不愿意起床。8点钟，爸爸一切收拾妥当，乐乐才刚刚起床睡眼蒙眬地开始穿衣服。爸爸没有等待乐乐，而是自己先行开车去单位了。这样一来，乐乐就只能快速地乘坐公交车换乘地铁，才能尽量争取按时赶到上课地点。

有了这次经历之后，以后爸爸再告诉乐乐次日几点开车出发，乐乐总是在头一天晚上就自己定好两个闹铃，生怕错过了搭乘爸爸的车。看到乐乐在被教训一次之后这么积极主动起床，爸爸直夸自己的办法很好。

孩子需要的睡眠时间本来就比成人需要的睡眠时间更长，在这种情

况下，如果晚上不能做到按时休息，则次日起床就会变得非常困难。就像事例中的乐乐，之所以起不来床，就是因为他晚上没有按时睡觉，导致休息时间不够。很多父母也许不理解爸爸的做法，觉得爸爸为何不能等乐乐几分钟呢？其实，这正是爸爸教育乐乐的方法，那就是让乐乐知道如果不能按时起床搭乘爸爸的车，那么爸爸就会独自驾车离开。有了这次教训之后，乐乐再次搭乘爸爸车的时候，就会主动早早睡觉，按时起床。

很多父母都为早晨喊孩子起床而发愁。对此父母，首先要帮助孩子制定规矩，让孩子晚上能够按时入睡，这样一来，孩子才会有更充足的睡眠。当孩子睡饱了，早晨起床自然会变得更容易。而且，是否有充足优质的睡眠，还会影响孩子的学习状态。孩子只有吃得香睡得好，在课堂上听讲才能更加集中注意力，学习的效率才会更高。

从科学睡眠的角度而言，7岁到13岁的孩子，大概需要10个小时的睡眠时间。很多父母只重视孩子的吃喝拉撒，觉得孩子只要吃得好，身体发育就会很健康。其实不然。孩子的成长需要全方位的营养元素，除了通过饮食来补充充足营养之外，还需要充足优质的睡眠，来保证孩子精力充沛，让自己的思维更加活跃，学习效率更高。有专门的机构经过调查发现，如果低年级的孩子不能保证每天至少8个小时的睡眠，就会出现学习困难的障碍，而且即使学习表现相对较好的孩子也只能达到平均水平，而无法做到出类拔萃。反之，在那些睡眠充足的孩子之中，学习困难的孩子大幅度减少，而且出类拔萃的孩子明显增多。孩子需要充足的睡眠，不但身体需要恢复精力，而且大脑发育也需要更多的时间。

除了要保证孩子按时早睡之外，父母还要让孩子拥有优质的睡眠。有很多家庭，父母虽然要求孩子早睡，但是父母自己却不愿意早睡，而总是熬夜看电视、上网等。这样一来，只许州官放火，不许百姓点灯，导致孩子心中愤愤不平：为什么我必须睡觉，爸爸却可以看电视呢？为此父母要为孩子树立好榜样，最好和孩子一起熄灯睡觉，或者从事一些不会影响孩子休息的活动。这样才能为孩子营造良好的睡眠环境，保证孩子按时入睡，享受优质睡眠。

说起睡眠障碍，很多人马上会想起失眠，实际上，除了失眠之外，睡眠障碍还有很多表现，如入睡困难，或者睡着之后很容易做梦等，都会降低睡眠的质量。为了保证孩子拥有优质睡眠，在孩子入睡之前，父母不要和孩子进行激烈的游戏或者活动，也不要让孩子过度用脑。睡前让孩子喝一杯热牛奶有助于睡眠，但一定要避免饮用刺激性饮料，诸如浓茶、咖啡、带有酒精的饮料或者碳酸饮料等。

为了保障孩子睡眠时间和质量，父母还应该尽早和孩子分房睡觉。很多小学高年级的孩子依然不能做到独立入睡，而是要和父母睡在一起，实际上这是非常不利于孩子成长的，代表着孩子没有独立的心态，而且，孩子和父母相互干扰，睡眠质量会变得很差。作为父母，应该引导孩子尽早独立分房睡觉，这不但有利于培养孩子的独立性，也可以让孩子拥有无人干扰的好睡眠。心理学家经过研究发现，孩子最好的分房独立入睡年纪在四五岁。因此，父母一定要从小就培养和引导孩子，这样孩子才会更加独立，才能健康茁壮成长。

总而言之，良好的睡眠对于孩子的身体健康、智力发育都有很重要

的意义，父母一定要重视孩子的睡眠，这样才能保证孩子有充分优质的睡眠，才能让孩子快乐成长。

孩子为何总是任性固执

周末，妈妈的几个老同学来家里做客，她们许久未见，见面之后非常亲热，马上谈笑风生，说个没完没了。一开始，小米在自己的房间里专心致志地写作业。她很认真，没有受到客人的干扰，很快就把作业写完了。看到小米迅速完成了作业，阿姨们都夸赞小米学习很认真，完成作业很主动。

小米看了一会儿课外书，就来问妈妈："妈妈，你什么时候带我出去玩呢？"妈妈说："小米乖，去看会儿电视。今天特殊，你看阿姨们都来看妈妈，所以咱们不出去玩了，明天再出去，好吗？"小米什么也没说，噘着小嘴巴，气鼓鼓打开电视，而且把电视声音开得很大，吵得妈妈和阿姨们说话要很大声才能彼此听见。妈妈当即要求小米去卧室里玩电脑，并且把卧室的门关上了。直到客人都走了，妈妈才质问小米："小米，你是怎么回事？明明看到妈妈在和阿姨聊天，还让妈妈带你出去玩，还把电视声音开得那么大！"小米不满地说："我就是想出去玩，我现在就要出去玩。都是因为你耽误了我出去玩，不然我能在外面玩大半天呢！"看到小米气愤的样子，妈妈暗暗想道：小米看起来长得这么高，实际上还是个小屁孩呢！这么不懂事！

其实，爱玩正是孩子的天性。对于小米而言，因为阿姨们的到来，导致她这个周末和妈妈进行的户外活动都被取消了，她当然会觉得很不高兴。这样的情况在日常生活中并非经常发生，不过既然小米表现出这样的不愉快，作为妈妈，就应该引导小米体谅他人热情待客。这样一来，小米下次再遇到相似的情况时，才能控制好自己的情绪，才能耐心等待。

如今，有很多孩子非常任性和固执，是因为他们从出生就接受父母无微不至的照顾，而且不管有什么要求和需求，都会第一时间得到父母的满足。在这样的情况下，他们变得越来越以自我为中心，而且根本不愿意考虑他人的为难和苦衷。当然，孩子并非生而就这么自私，也不是生而就懂得替他人着想。在后天成长的过程中，如果孩子常常被父母娇纵和宠爱，就会形成糟糕的坏习惯。作为父母，如果不想因为孩子的任性固执而难堪，那么就要从小培养孩子的规则意识，也让孩子懂得更多的礼貌，从而可以做到有礼有节，处处受人欢迎。好习惯是从小养成的，作为父母，与其看着别人家知书达理的孩子感到羡慕，还不如从现在开始，从自我做起，教育孩子懂规矩，遵守规矩，这样一来，孩子才能成为父母的骄傲，父母才会因为孩子的有礼貌、懂规矩而觉得自豪。

第 10 章
融入孩子，了解孩子，不靠想象判断孩子

很多父母对于孩子都会怀着假想的态度，他们总是从成人的角度出发，用成人的思路去揣度孩子，却没想到孩子的思维方式和成人有很大不同，为此孩子在进行思考的时候，在作出决定的时候，与父母的考量是完全不同的。明智的父母，从来不会靠着想象力去判断孩子，更不会想当然就误解孩子，而是会更加深入了解孩子，知道孩子的所思所想和脾气秉性，从而有的放矢地陪伴孩子成长，有针对性地鼓舞和激励孩子。

孩子上课为何总是三心二意

对于孩子的学习和成长而言，课堂上认真听讲是至关重要的。如果孩子不能做到在课堂上认真听讲，而是常常在听老师讲课的时候三心二意，则他们的学习效率就会大打折扣。父母在发现孩子对于学习总是三心二意的时候，往往会感到很着急，也会感到很焦虑。

尤其是对于低年级孩子而言，最重要的是养成良好的学习习惯，如果孩子能够做到在课堂上认真听讲，在课后努力认真地完成作业，则他们在学习过程中就有更多的收获，也会取得更大的成就。记得在一个家长论坛里，很多父母都针对孩子上课爱走神的事情展开了激烈的讨论，由此可见父母还是很重视孩子的听讲效果的。那么，1~2年级孩子的为何上课的时候那么容易走神，还常常三心二意呢？其实，对于孩子来说，走神是有原因的。首先，1~2年级的孩子注意力只能保持15~20分钟，因此他们在课堂上很容易就会注意力涣散。其次，1~2年级的孩子以无意注意为主，而有意注意还在发展之中，因此他们的注意力很容易被新鲜事物吸引，从而表现出三心二意。最后，也是最重要的一点，这点在一年级孩子身上表现尤其明显。刚刚结束幼儿园里吃喝玩乐生活的孩子，对于一年级老师在课堂上一本正经讲述的内容根本听不懂，但是在课堂上他们又不敢随便乱动，为此就只能神游物外，分散注意力，让自己想一些有趣的事情。虽然乍看起来导致孩子三心二意的原因很普遍，

但是实际上如果孩子长期都注意力涣散，则渐渐地学习就会受到很大的影响。

尽管孩子课堂上三心二意大多数是因为生理原因，父母也不能掉以轻心，而是要想方设法培养孩子的专注力，让孩子更加积极主动进行自我探索，也让孩子更加全力以赴做好该做的事情。这样一来，孩子才会在学习方面有更好的表现，从而奠定良好的学习基础，让未来的学习事半功倍，效率倍增。除了要督促孩子认真听讲，告诉孩子学习的重要性之外，父母还要引导孩子掌握学习的重点，找到学习的乐趣。孩子只有从学习过程中感受到学习的意义，也感受到学习的乐趣，才能更加热爱学习。这也就是心理学上所说的学习内部驱动力。那么具体而言，父母要怎么做，才能帮助孩子认真听讲，专心致志学习和掌握新知识呢？

首先，父母可以理解一年级新生从幼儿园进入小学阶段需要一个适应的过程，但是不要对孩子过度纵容，因为适应是有时间限制的，不可能无限延长下去，否则孩子就会因此而受到误导，也会把懈怠变成坏习惯。对于孩子在课堂上三心二意的表现，父母除了要给予孩子正确的引导和帮助之外，不要因为这个坏习惯没有影响孩子的学习成绩，就对此掉以轻心。而是要重视孩子的课堂表现，毕竟1~2年级学习的内容简单，也许不会受到三心二意的影响，但是随着年级不断提升，等到孩子进入中高年级的时候，如果听课的时候还是心不在焉，则就会严重影响孩子的学习，到时候孩子在学习上积重难返，再想弥补就很困难了。

其次，如今有很多父母一看到孩子抓耳挠腮的样子，就会给孩子扣上多动症的帽子。实际上，多动症是一种很严重的疾病，很多孩子虽

然活泼好动，却不属于多动症。作为父母，我们千万不要给孩子贴上各种负面标签，诸如多动症、调皮鬼等。孩子的自我评价和认知能力不够强，为此常常会把父母对自己的评价作为自我评价，对自己形成错误的认知，甚至自暴自弃。有些孩子在被父母贴上标签之后反而如释重负，觉得我就是多动症，我就应该不停地动来动去，结果父母的负面评价非但没有让孩子收敛，反而使得孩子变本加厉，耽误自身的成长。

再次，如今有很多父母为了给孩子打牢基础，常常会安排孩子提前学习一些知识和内容，殊不知，这对于低年级的孩子而言绝不是一件好事情。原本低年级孩子就很容易注意力分散，如果老师上课所讲的知识对他们失去吸引力，让他们觉得毫无挑战性，他们怎么可能集中注意力听讲呢？有些孩子因为提前学习了知识，就会对老师的讲课丝毫不感兴趣，从而出现走神的情况。因此明智的父母不会让孩子超前学习，一则是为了让知识对于孩子保持新鲜度和吸引力，二则是为了避免孩子的听讲习惯变得糟糕。

最后，父母可以有的放矢地针对孩子进行一些增强专注力的训练。例如，可以把孩子送去练习书法，或者下象棋。这些都是需要集中注意力的活动，是需要孩子全神贯注才能进行下去的。当孩子坚持进行这样的练习，渐渐地，他们的注意力就会更加集中，他们的成长会更加卓有成效。当然，这对于孩子而言是一个很艰难的过程，作为父母，要有足够的耐心对待孩子，也要循序渐进引导孩子有更好的表现，而不要总是对孩子怀着急迫的功利心。孩子的成长有自身的规律和节奏，父母要尊重孩子的内在规律和节奏，才能让孩子更加健康快乐，茁壮成长。

第10章 融入孩子，了解孩子，不靠想象判断孩子

让贪玩的孩子主动学习

很多父母都为孩子的贪玩而伤透脑筋，似乎孩子一旦贪玩，就会导致学习全面崩溃一样。实际上，爱玩正是孩子的天性，作为父母，一定要尊重孩子的天性，才能引导孩子健康成长。如果父母还没有成功地教育孩子，就先抹杀了孩子的天性，使得孩子在成长过程中感到沉闷和压抑，则孩子非但没有机会玩，也会失去学习的积极性和动力。有些父母也深知孩子的天性，认识到爱玩的孩子、调皮的孩子，才是真正聪明的孩子。为此他们总是换一个角度考虑问题，欣赏孩子的贪玩，也会引导孩子把对于玩耍的兴趣转移一些到学习方面，从而让孩子更加从容和理性，也有更好的成长和更大的进步。

父母要端正心态，不要试图改变孩子贪玩的本性，而是要学会引导，因势利导，用玩耍来激励孩子学习，这样反其道而行，反而会达到更好的效果。在心理学上，有一个大名鼎鼎的理论，就是普雷马克原理。普雷马克原理来自心理学家普雷马克在1959年进行的心理学实验。他有两个选项：一个是吃糖，另一个是玩弹球游戏机。他要求参与实验的孩子从这两个选项之中进行选择，有的孩子选择了吃糖，有的孩子选择了玩弹球游戏机。普雷马克对孩子展开了细致入微的观察，结果发现对于选择吃糖的孩子，可以用糖来激励他们更多次地玩弹球游戏机，而对于选择了弹球游戏机的孩子，则可以用玩弹球游戏机来刺激他们更多地吃糖。由此可见，孩子对于喜欢做的事情和不喜欢做的事情之间并非毫无关联的，而是可以通过喜欢做的事情激发孩子更多地从事不喜欢做

的事情。诸如很多孩子喜欢玩耍，而对于学习却没有那么浓厚的兴趣，在这种情况下，就可以用玩耍激发孩子对学习产生兴趣，或者以理性来约束自己努力认真地学习。这样一来，就实现了以玩耍促进学习的目的。

思思是一个特别爱玩的女孩，尤其喜欢看动画片。以前还在上幼儿园的时候，思思每天放学回到家里，就会马上开始看动画片。但现在她成了一年级的小豆包，妈妈不得不禁止她在工作日看动画片，一则是担心影响她的学习，二则是担心会耽误她休息的时间。然而，初入一年级的新鲜劲头过去后，思思就对完成作业表现出很强烈的排斥，不到一个小时就能完成的作业，她往往需要两三个小时才能完成。眼看着思思每天晚上都要很晚才能睡觉，妈妈很担心思思睡眠不足，也害怕会因此影响思思的身体健康和成长。

思来想去，妈妈想出了一个好办法，对思思说："思思，妈妈觉得你每天上学都很辛苦。你觉得，每天给你半个小时时间看动画片休息一下，如何？"思思高兴得一蹦三尺高："太好了，太好了，谢谢妈妈！那么，我放学回到家里就能看动画片吗？"妈妈摇摇头，说："那当然不行。你必须先完成作业，才能看动画片。为了保证你充足的睡眠时间，我和爸爸一致认为，如果你可以在6点吃晚饭之前完成作业，就可以在吃完晚饭后看半个小时电视，正好可以休息一会儿，消化食物。看完电视后，你还可以玩耍半个小时，等到8点钟准时洗漱睡觉，8点半关灯，怎么样？"听到自己不但可以看半个小时电视，还可以在洗漱之前玩耍，思思高兴极了。当天下午，她写作业的速度提升了不止一倍，才5

点半，她就提前完成了作业。从此之后，思思每天一放学就抓紧时间写作业，而且保证质量，因为作业是要交给妈妈检查的。渐渐地，思思养成了主动完成作业的好习惯，妈妈也因此而长舒一口气，如释重负。

没有孩子愿意写作业，因为写作业不但要动脑子，而且非常辛苦。人的本能就是趋利避害，孩子也是如此，作为父母，要想让孩子主动学习，主动完成作业，只靠着强制要求孩子当然是很困难的，更重要的是还要给予孩子更加积极有效的引导和帮助，这样才能激励孩子不断进步和成长。

对于孩子爱玩的天性，父母要给予足够的包容，还可以利用孩子爱玩的特点，激发孩子对于学习的积极性和主动性，让孩子更加乐于学习，变让我学为我要学，因此而获得长足的进步和发展。当然，父母使用普雷马克原理激励孩子成长只是引导孩子独立学习的开始，孩子成长的道路很漫长，父母要对孩子有耐心，这样才能给予孩子更多的爱与自由，也让孩子主动自发地成长，取得持久良好的激励效果。

具体而言，父母在以玩耍的方式引导孩子主动学习之后，还要采取其他的方式强化孩子的学习效果，让孩子的转变更加持久。例如，父母要乘胜追击，让孩子养成在固定的时间写作业的良好习惯。如果父母长期都以玩耍来激励孩子，孩子很有可能对玩耍渐渐感到疲惫，不感兴趣，那么激励的作用也就会大大减弱。为此，父母要适时调整对孩子的刺激，如有的时候是玩耍，有的时候是吃孩子喜欢的美食，有的时候是带着孩子去旅游，有的时候是带着孩子看电影。总而言之，高频活动要想达到刺激孩子的效果，对于孩子而言就应该是新鲜的、富有吸引力的。

孩子为何等到最后才写作业

以前，小梦每天一回到家里就开始写作业，现在，妈妈发现小梦对于写作业没有那么大的热情了，放学回到家里不是说饿了要吃东西，就是说渴了要喝水，或者就说自己累了需要好好休息一下，总而言之就是不想马上写作业。一开始，妈妈觉得小梦从学校回到家里也许的确需要休息，后来发现小梦索性把写作业的时间拖延到晚饭之后，又拖延到睡觉之前，这才意识到问题很严重，为此她决定了解小梦为何不愿意写作业。

一天，小梦放学回到家里，又要吃东西。妈妈义正词严地对小梦说："小梦，以后必须写完作业才能吃东西。回到家里第一件事情，洗手，写作业，没得商量，知道吗？"小梦看到妈妈严肃的样子，扑闪着大眼睛，没有说话。她虽然坐在了书桌前，却没有认真完成作业，而是在磨蹭时间。妈妈时不时看看小梦，不知道小梦为何要拖延。后来，小梦就嚷着要吃晚饭，虽然写完了语文作业，数学作业却纹丝未动。妈妈原本想让小梦写完作业再吃饭，又担心小梦饿，又觉得吃饭太晚没有消化的时间，只好答应让小梦吃完晚饭再接着写。吃完晚饭，小梦说自己吃得太饱了，需要在屋子里散步一会儿。就这样磨磨蹭蹭，都快要到了洗漱睡觉的时间，小梦才三下五除二把作业写完。妈妈不明就里，趁着小梦洗漱的时间翻看了小梦的手机，这才发现小梦的微信接到了一个同学发来的答案。妈妈恍然大悟，我说小梦写作业磨磨蹭蹭的呢，原来是等着抄写现成的啊！妈妈很生气，想了想，决定先不揭穿小梦。

第 10 章 融入孩子，了解孩子，不靠想象判断孩子

找到合适的机会，妈妈问小梦："小梦，你们班级里有小朋友会抄写别人的作业吗？"小梦不知所以，问："什么是抄写？"妈妈说："就是有了作业不能独立完成，而是要等其他同学完成之后，照着其他同学的作业抄。"小梦显然还没有理解妈妈的意思，说："这样不行吗？"妈妈说："当然不行。每个孩子都要独立完成作业，就是不依靠别人的帮助自己就能完成作业。如果每次完成作业都按照别人所写的去抄，那么如何知道自己有没有掌握老师所讲解的知识呢？"小梦恍然大悟，对妈妈说："原来这就是抄写啊！"妈妈这才知道小梦不知道抄写是不好的行为，为此又详细向小梦解释了抄写作业的弊端。从此之后，小梦回到家里就写作业，再也不等着同学发微信过来了。看到小梦的转变，妈妈非常欣慰。

孩子的道德观念正在发展过程中，不管是把作业给小梦抄写的同学，还是小梦，都不知道抄写是不好的行为。幸好妈妈及时发现，她没有斥责小梦，而是找到合适的机会和小梦探讨什么是抄写，也告诉小梦抄写的弊端，从而帮助小梦端正了学习态度，也形成了正确的学习认知。

作为父母，我们千万不要以恶意揣测孩子，尤其是对于年纪相对较小的孩子而言，他们的是非观念还没有发展成熟，对于自己在生活中的各种表现也没有准确的界定和正确的衡量，为此他们常常需要父母的引导，才能更加区分清楚对与错，才能知道自己哪些事情是该做的，哪些事情是不该做的。

1~2年级的孩子正在逐渐形成道德观，不过因为他们以形象思维为

- 159 -

主,而抽象思维正处于发展之中,所以父母在教育孩子的时候不要总是说那些抽象的话,而是要在给孩子讲道理的时候,把抽象的道理与具体的事情联系起来,这样孩子才能清楚地知道自己的哪些行为是可行的,哪些行为是错误的,从而正确衡量和界定自己,有的放矢地激励自己努力成长和发展。

不以善小而不为,不以恶小而为之

父母都希望孩子品德高尚,成为道德的楷模和标兵,而实际上,孩子并非生而就具有善恶的观念,他们的道德观念是在后天成长的过程中才逐渐形成的,他们的道德品质也是在坚持进步和努力中才得以提升的。父母是孩子的保护者、守卫者,也是孩子的陪伴者和引导者,自然要承担起提升孩子的道德水平的重任。当然,首先要让孩子形成正确的道德意识,这样才能保证孩子是在正确的道路上成长。

一个人的道德水平高低,从他做的很多小事中就能初见端倪。很多人误以为道德高尚的人总是能做出惊天动地的大事情,就像雷锋和赖宁一样,其实不然。更多的人都将会拥有普通且平凡的一生,为此他们在面对人生的各种事情时,常常会作出本能的反应。古人云,不以善小而不为,不以恶小而为之,这正是进行道德观念教育的重要原则和方针政策。作为父母,我们理应要给予孩子更好的成长和表现机会,尤其是要引导孩子坚持做好小事,也坚持避免做小的坏事,这样才能从点点滴滴

第 10 章　融入孩子，了解孩子，不靠想象判断孩子

处入手和积累，让孩子在成长过程中表现得更加无可挑剔。

如何才能引导孩子做好每一件小事，不断提升道德品质呢？

首先，父母要成为孩子最好的引导者，每当孩子出现坏情绪的时候，要及时告诉孩子控制好情绪，调整情绪，这样才能让孩子保持情绪愉悦。有些孩子因为从小到大都得到父母无微不至的爱与关照，为此形成了以自我为中心的错误思想，不管何时只要稍微有不如意的地方就会很愤怒，也会歇斯底里。实际上，人生不如意十之八九，在这个世界上，除了父母会给予孩子无私的爱，对孩子无条件付出之外，没有任何人会和父母一样宽容和包容孩子，更不会和父母一样对孩子非常纵容。作为孩子，一定要更加理解父母的用心良苦和深沉热爱，而不要把父母的包容当成纵容，更不要认为哪怕走上社会也能得到别人如同父母一样的无私付出。因此，引导孩子控制好自身的情绪很重要，这样孩子才能避免坐上情绪的过山车，才能避免在成长过程中遭遇困境和障碍。

其次，每当发现孩子有小错误的时候，父母一定要为孩子及时指出，引导孩子马上改正。很多父母对于孩子非常宠溺和疼爱，哪怕明知道孩子犯了错误，也对孩子的错误无动于衷，又因为担心影响孩子的心情，而从来不对孩子加以引导和指正。不得不说，这对于孩子的成长是绝没有好处的。也许孩子现在犯的只是小小的错误，但是随着他们越来越任性，越来越固执，也根本听不进去别人的意见，他们的错误就会越来越大，越来越严重，最终导致不可挽回的后果。

有人说，父母是孩子最好的老师，的确如此，父母每天与孩子朝夕相处，对于孩子的任何异常表现，父母都看在眼睛里。为此，父母要

- 161 -

在发现问题之后及时给孩子指正,这样一来,孩子才能改正错误,获得进步和成长。也有人说,孩子是父母的镜子。的确,作为父母,未必就有更高的道德水准和思想境界,要想指导孩子,父母首先要进行自我提升,让自己的水平越来越高,才能给予孩子适度的引导和恰当的帮助。当然,当父母对于教育孩子有更加深刻的心得体会,很有可能会让孩子青出于蓝而胜于蓝,这就更是皆大欢喜的结局。

孩子为何爱撒谎

今天放学,小菲比以往晚了半个多小时才回到家里。妈妈看到小菲回来得这么晚,当即问小菲:"小菲,今天怎么回来得这么晚呢?是被老师留下了吗?"小菲摇摇头,说:"有个同学今天值日,但是他有事情请假先走了,所以我留下来帮助他打扫卫生。"听到小菲这么说,妈妈很高兴:"小菲真是长大了,都能主动帮助同学了,将来你一定会有很多朋友的。"对于妈妈的夸赞,小菲没有进行回应,而是当即去自己的房间里写作业了。对于小菲的表现,妈妈隐隐约约觉得有些不对劲:往常小菲写作业总是要拖延一会儿,今天怎么这么积极呢?

次日,妈妈问了问班主任老师:"小菲昨天晚上放学晚了半个多小时,是犯错误了吗?"老师很惊讶:"小菲回家没有告诉你吗?"妈妈说:"没有啊,他说是帮助同学打扫卫生。"老师说:"小菲前天的家庭作业没有完成,所以昨天放学后被留在学校里补写家庭作业了。"

妈妈恍然大悟："原来如此！怪不得昨天下午一回到家就进房间写作业呢，原来是因为犯错误了啊！"老师说："孩子才上一年级，忘记写作业也正常，只要这次吸取教训，以后不再忘记就行了。我昨天已经批评他了，您不要再说他了，可以观察一下，看看他自己改正得如何。"妈妈觉得老师说得很有道理，回到家里之后，假装什么事情都没有发生。果然，小菲从被老师留在学校补写作业之后，每天一回家就会主动去房间里写作业，有的时候，还会提前把次日的作业也完成一部分呢！看到小菲这样积极主动，妈妈暗自庆幸：这也许就是因祸得福吧，犯了一次错误，却能更加积极地改正错误，反而形成了良好的学习习惯。不过，对于小菲撒谎，妈妈还是耿耿于怀的，她不知道小菲为何对自己撒谎，难道是因为不信任妈妈，或者觉得妈妈太过凶神恶煞了吗？

在这个事例中，小菲虽然在老师的批评和教育下积极地改正了错误，但是为何要撒谎呢？很多父母一旦发现孩子撒谎，就会觉得孩子的品质有问题，实际上，小孩子撒谎不是为了伤害别人，而更多的是为了保护自己。小菲知道自己没有完成作业，犯了错误，为此很羞愧，也担心如果妈妈知道他忘记写作业了，会批评他，所以才以撒谎的方式向妈妈隐瞒真相。这样的谎言恶意很小，而更多的是出于自我保护的目的，为此父母无须大惊小怪。

很多孩子都会有撒谎的表现，原因多种多样。除了保护自己的目的之外，有些孩子之所以撒谎，是因为他们害怕受到父母的责骂或者惩罚，为此就会选择以撒谎的方式隐瞒真相。父母在发现孩子撒谎的时候，不要一味地责怪孩子，而是应该意识到要想更好地教育和帮助孩

子，前提就是要保持顺畅的亲子沟通。如果孩子看到父母总是害怕，也常常会因为不知道如何面对父母而撒谎，渐渐地，他们就会对父母关闭心扉，也会对父母失去信任。为此父母一定要与孩子建立良好的关系，这样才能让孩子打开心扉，赢得孩子的信任，也让亲子教育进展更加顺利。

第 11 章
科学引导，利用"向师性"提升孩子学习兴趣

年幼的孩子非常信任父母，他们不但对父母言听计从，而且在做很多事情的时候，都会很积极地采纳父母的意见和建议。然而，自从进入幼儿园，父母就会有一个发现，那就是孩子越来越信任老师，甚至在他们的心目中，老师的权威远远胜过父母的权威。这是为什么呢？实际上，这是孩子的向师性在发挥作用。面对孩子学习过程中遇到的各种难题，父母无须觉得紧张和焦虑，只要对于孩子的向师性加以引导，则孩子对于学习的兴趣就会越来越浓郁，学习也会很主动。

孩子为何会患上橡皮综合征

　　最近，妈妈发现小菊在写作业的时候，右手紧紧握着铅笔，左手却死死攥着一块橡皮。在写作业的过程中，她动不动就要用橡皮使劲地擦，这让妈妈感到很纳闷：小菊真的有那么多错误需要改正吗？为了观察小菊的行为，妈妈特意坐在小菊旁边，这才发现小菊很多时候并没有写错，只是因为写得不够好，就要用橡皮擦掉。有的时候，因为擦拭太用力，小菊把作业本都擦破了，就只好撕掉那一页重新再写。看着小菊痛苦的样子，妈妈也很困惑：小菊这是怎么了，为何如此没有自信呢？

　　为了对小菊的行为更加了解，妈妈还在班级群里进行了调查。结果发现，很多父母都说孩子特别爱用橡皮，总是担心自己写得不够好，甚至没有了橡皮就不能正常写作业了，内心非常忐忑紧张。听着其他父母的描述，妈妈意识到小菊也许患上了"橡皮综合征"。有一天，妈妈趁着小菊不注意，把小菊的橡皮藏了起来。小菊准备写作业的第一件事情就是找橡皮，没有找到橡皮，她很沮丧，请求妈妈去超市帮她购买橡皮，没想到妈妈却说："没有橡皮也可以写作业，你只要尽量减少错误就行。"没想到，没有橡皮攥在手里的小菊非常紧张，才写第一个字就错了。妈妈鼓励小菊："没关系，画两道，继续写下去。"第二个字，小菊写得有点儿出格了，她下意识地又想找橡皮擦，妈妈鼓励道："这个字写得非常好。下一个字，稍微控制下不出格即可。"就这样，

小菊不停地写啊写啊，一开始很忐忑不安，后来越写越好。虽然整个作业写完错了好几个字，但是因为没有用橡皮，所以作业的清洁度很好。妈妈对小菊说："看看吧，不用橡皮，字反而写得更好。你要减轻对于橡皮的依赖性，这样才能让自己把字写得更好，也能渐渐地减少错误。"

在心理学上，有一个很著名的效应，叫做"沉锚效应"。沉锚效应的意思是说，孩子在做一件事情或者判断一个人时，会受到第一印象的影响，情不自禁地让自己的想法符合第一印象。根据沉锚效应为我们揭示的原理可以发现，孩子在学习中一旦反复改正错误，那么就会导致错误率越来越高。反之，如果能够一气呵成，则他们就可以让错误减少，从而形成写作业一步到位的好习惯。每当看到孩子总是拿着橡皮反复地擦的时候，父母要有的放矢地帮助孩子改掉滥用橡皮的坏习惯。

首先，引导孩子端正心态，不要任何事情都追求完美。很多孩子喜欢用橡皮擦掉错误的地方，也有的孩子一旦这一页的作业本上有错误，就会把整页作业本都撕掉。这都是沉锚效应的表现，也是因为孩子过度追求完美。

其次，父母要为孩子减轻压力，端正孩子对待学习的态度，而不要让孩子承受过大的压力，导致每次做作业或者考试的时候，心中都忐忑焦虑，惴惴不安。否则，孩子在巨大的压力下难免会犯错误更多，失去了内心从容的他们也会陷入成长的负面状态，感到十分困惑和无奈。

最后，孩子之所以总是出现错误，实际上与他们的基本功不够扎实、缺乏自信有很大的关系。很多孩子从幼儿园升入小学，学习上需要适应，为此自信心缺乏，不管是在写作业的时候，还是在考试的时候，都会惴惴不安。也有的孩子是因为缺乏专注力，不能做到专心致志，所以才会接连出现错误。总而言之，孩子不管因为何种原因导致错误频繁出现，作为父母，都要引导和激励孩子，给予孩子自信，帮助孩子增强专注力，让孩子做作业的正确率大幅度提升。否则，孩子一旦养成总是出错总是改正的坏习惯，将来作业越来越多，错误率也会越来越高，就会变得很被动，学习上也会出现巨大的退步。

为了帮助孩子减轻橡皮综合征，父母要适度降低对孩子的要求，要告诉孩子很多事情并不一定要追求完美，毕竟事情都是人做的，是人就会犯错误。这样一来，才能让孩子把心态放得轻松，才能让孩子更加理性和从容，从而在放松的状态下把作业完成得更好。尤其是对于低年级孩子而言，最重要的是帮助他们树立信心，而不是让他们一味地紧张和焦虑，导致事情变得糟糕和被动。自信，是孩子成长的翅膀，也是孩子人生的动力源泉。

孩子总是对老师言听计从

一年级才开学没几天，妈妈发现豆豆就被老师圈粉了。这不，一天放学回到家里，妈妈对豆豆说："豆豆，你先吃点儿，休息一下再写作业，好不好？"不想，豆豆当即拒绝了妈妈的请求，对妈妈说："妈妈，老师说回家第一件事情就要写作业，而且在作业没有完成之前，不

能吃东西。"看着平日里不折不扣的小馋猫豆豆对于写作业这么严肃认真，妈妈忍不住笑起来，说："好的，那你就听老师的。"

有一个周末，爱睡懒觉的豆豆才6点钟就起床了，比平日里上学起得更早。而且，他不但自己起床了，还去把爸爸妈妈也喊起床。妈妈睁开惺忪睡眼，问豆豆："豆豆，你是不是迷糊了，今天可是周末啊，不用起得那么早。"没想到，豆豆却说："妈妈，老师说要早睡早起，周末也要早睡早起。"无奈，大周末的，全家人都早早起床，留在家里大眼瞪小眼又没有要紧的事情干，只好去跑步。

后来，豆豆的"老师说"在家里出现的频率越来越高。有段时间，豆豆不认真刷牙，妈妈想出各种办法都不管用，为此只好求助于老师："老师，你让豆豆认真刷牙吧，他就听你的。"果然，老师在教室里告诉小朋友们要认真刷牙，当天晚上，豆豆就刷牙5分钟，一丝不苟，就连妈妈说可以了，他都不愿意放下牙刷。

事例中的豆豆有典型的"向师性"。所谓向师性，指的是孩子在成长的过程中，会有一种倾向，那就是愿意和老师亲近，也愿意模仿老师，甚至恨不得变得和老师一样。对于孩子的向师性，如果运用得好，就可以对孩子的成长起到积极的推动作用。而如果运用得不好，孩子也很有可能会受到老师的负面影响。此外，孩子的向师性之所以这么强烈，也与他们想要得到老师的认可和赞赏有密不可分的关系。

有些父母看到孩子对老师言听计从忍不住要吃醋，想想自己养育了这么多年的孩子，如今不愿意听从父母的话，却要听老师的话，心里难免酸溜溜的。实际上，孩子出现向师性，恰恰意味着他们摆正了自己的学生角色，也认识到与老师亲近对于自身的成长是有好处的。孩子相信老师，甚至迷信老师，对于孩子的学习有积极的作用，因为他们会不打折扣地完成老师布置的任务，也会把老师的批评和表扬都牢记在心中。

为了让向师性在孩子成长过程中发挥积极的作用，父母一定要利用好孩子的向师性。在小学阶段，尤其是低年级孩子，他们对于老师的崇拜是无条件的。他们认为老师说的一切事情都是正确的，为此当父母所说的话与老师所说的话有冲突的时候，他们绝对无条件服从老师。在此阶段，孩子把老师当成神一样的存在，老师也在孩子的心目中占据至高无上的位置。

细心的父母会发现，孩子的向师性越强，他们在学习方面的表现也就越好。所以如果孩子的心理发育相对滞后，或者没有形成向师性，那么父母还应该引导孩子尊重和信任老师，坚定不移执行老师的决定和命令。渐渐地，孩子形成向师性，在学习上也会有出类拔萃的表现。具体而言，父母如何培养孩子的向师性呢？

首先，要和孩子一起去欣赏老师，积极地发现老师身上的各种优点，从而让孩子对老师非常崇拜，也让孩子对老师有更深刻的认知，产生更深刻的信任。

其次，每当父母所说的话孩子不愿意听的时候，父母就可以搬出老师这张王牌，把话借着老师的口说出来。假借老师之口有两种方式：一种方式是由父母告诉孩子老师是怎么说的，这种方式相对灵活，父母可以自由组织语言。另一种方式是求助于老师，让老师把父母想要要求孩子的事情亲口对孩子说出来，这样一来，孩子会更愿意听从老师的话，

也会对老师言听计从。

最后，细心的父母会发现，当孩子喜欢一个老师，他对于老师所教授的课程会很感兴趣，也会把这门课程学好。而当孩子讨厌一个老师，他对于老师所教授的课程就会很讨厌，也无法把这门课程学好。为此，当孩子在父母面前表现出不喜欢某个老师的时候，父母一定不要掉以轻心，更不要不以为然，而是要意识到孩子是否喜欢老师关系到他们的学习成绩，也关系到他们在学习方面的表现。因此，父母要及时引导孩子消除对于老师的误解，还可以通过与老师搞好关系的方式，让老师对孩子更加关注。这样一来，孩子与老师的关系好了，还发愁孩子的学习问题吗？有的时候，老师未必了解班级里的每一个孩子，为了帮助老师深入了解孩子，父母还可以把孩子的脾气秉性、特殊爱好等告诉老师，这样老师与孩子相处才会更加有的放矢，也会真正建立和谐融洽的关系。

总而言之，良好的师生关系需要老师、学生和父母的三方努力，而且父母应在其中起到很重要的作用，融洽三方关系，联络贯通。为此，父母要肩负起神圣的责任和使命，这样才能对孩子更加负责，才能与老师深入沟通和了解，从而使得老师的教学活动和孩子的学习活动都顺利进行。

发展孩子的优势智能

如果你到现在还记得自己小时候得到老师的认可和赞赏时那种兴奋的感觉，你就会理解孩子为何对于老师所说的每句话都那么重视。当

然，孩子不可能把每一门学科都学到出类拔萃，作为父母，也不要奢望孩子会得到所有老师的喜爱。如果孩子在学校里表现平平，并没有得到老师的特别喜爱，那么作为父母，就要发展孩子的优势智能，这样才能让孩子在某些方面表现突出，从而成功吸引老师的关注。

在心理学领域，有一个木桶理论，意思是说一个木桶最终能够容纳多少水，并不取决于这个木桶最长的那块板，而是取决于木桶最短的那块板。为此，很多父母就会着重帮助孩子查漏补缺，希望孩子不要有特别的短板。实际上，这样的思路恰恰是错误的。每个孩子的天赋各不相同，有的时候，孩子哪怕付出很多的时间和精力，也无法把短板变成长板，既然如此，只要孩子的短板并不影响孩子的整体成长，父母要做的就是发挥孩子的优势和长处，让孩子的优势智能得以发扬光大。这样一来，孩子才能健康茁壮地成长，才能鹤立鸡群、出类拔萃。

当孩子表现出在某一门学科的特殊优势，还有一个很明显的好处，那就是孩子会获得该门学科的老师喜爱，从而获得自信。对于低年级孩子而言，自信是很重要的。如果孩子没有自信，难免会妄自菲薄，在学习很多新知识的时候，也会因此而陷入被动状态，无法取得良好的效果。作为父母，就是要发掘孩子的长处和优势，从而有的放矢地引导孩子发展和成长。

那么，什么样的才华表现才能称为孩子的优势智能呢？具体而言，就是孩子可以轻轻松松做得非常出色的事情。对于不擅长的事情，孩子即使付出大量的时间和精力，也未必能够有小小的成就。而对于自己非常擅长的事情，孩子哪怕没有付出那么多的时间和精力，也依然可以表

现良好，这就是孩子的优势智能所在。父母一旦发现了孩子的闪光点，就要引导孩子努力去发展，也以此作为契机，让孩子有更加出类拔萃的表现。

有很多父母可能不知道优势智能的来源。实际上，优势智能是心理学领域的名词。有心理学专家把人的智能进行了细致的划分，即语言智能、数学逻辑智能、空间智能、身体运动智能、音乐智能、人际关系智能、自我认知智能、自然认知智能。优势智能就是一个人对于自己各方面智能的优势整合的表现。当孩子在特殊的领域表现出优势，则他们在该领域就会有更好的发展和更加快速的成长，自然距离成功也就会更近一些。

每个孩子的天赋都是不同的，因此他们在这些智能领域的表现也都是不同的。作为父母，要更加理性认知和帮助孩子健康成长，也要挖掘孩子的闪光点，找到孩子的优势和特长所在，才能有的放矢地发展孩子的核心竞争力，让孩子在学习和成长过程中表现得出类拔萃。

正确认知考试，端正学习态度

对于考试，很多父母都会有错误的认知，把应试教育的弊端都归咎到考试上，似乎考试没有给孩子任何好处，而是给孩子带来了沉重的压力。不得不说，这是对于考试的误解，当父母对于考试排斥和抗拒的时候，孩子很难对考试有正确的认知。作为父母，首先要对考试有正确的

认知，知道考试不是应试教育的专利，而是一种相对公平的人才选拔方式，也可以在日常检验孩子的学习成果，为孩子查漏补缺。不得不说，考试本身并没有错，只是有人把考试运用错误，或者对于考试认知有偏差，才会导致考试成为众矢之的。

在应试教育环境下，通过分数来衡量学生，并且决定是否让学生得到升学的机会，依然是主要的升学方式。因为这种方式让人们眼睛里只有分数，而忽略了对孩子展开素质教育，为此近些年来很多教育专家提倡要对孩子进行素质教育。然而，高考的制度迄今为止没有取消，一方面是要把应试教育向素质教育转化，另一方面却依然坚持以分数来衡量学生，这是如今教育界的一种奇怪现象。很多父母看到孩子疲于应付考试，一则无奈地陪跑孩子，二则也会抨击考试制度。实际上，考试与对孩子开展素质教育不是相互矛盾和冲突的，考试更不会伤害孩子的素质。作为父母，要改变固有的错误认知，要对考试怀有端正的态度，才能引导孩子健康快乐地成长，积极主动地学习，也在考试中取得好成绩。

网络上曾流行过一个段子，就是春节亲戚串门，怎样才不会成为令人讨厌的人，首先一条就是不要见到孩子就问考了多少分、在班级里排名如何。否则，就会给孩子添堵，也会让家长难堪。的确如此，考试只是对于一个阶段学习的检验，并不完全代表孩子的水平，也不意味着孩子未来的成就。每个人都要对考试怀着平常心，才能从容对待考试，才能在成长的过程中不断地进步。

作为父母，要怀有一颗笃定的心，才能在如今的全民教育焦虑时代，更加理性面对孩子的教育问题，也避免把焦虑传染给孩子。考试并

没有什么大不了的,随着素质教育的推广,分数只是衡量孩子的标准之一,而不是衡量孩子的唯一标准。作为父母,要给予孩子正确的引导,也要让孩子始终怀着积极的态度面对学习,迎接成长。

副科并不比主课次要

当父母对于孩子的学习成绩看得非常重要,无形中,孩子就会成为一个小小的书呆子,只知道学习,两耳不闻窗外事。实际上,孩子的学习绝不是孤立的存在,作为父母,要引导孩子把学习看成是一个整体。如今已经不是一心只读圣贤书的时代,孩子要全面发展,提升素质,也要有更加开阔的见闻,这样才能做到视野开阔,目光长远,人生的发展才有更好的成就。

在教育部的号召下,如今,越来越多的学校开始推广丰富多彩的校园生活,也会给孩子规定必读书目,让孩子更多地接触社会。遗憾的是,在教育大改革的观念之下,很多父母依然墨守成规,坚信"分分分,是学生的命根"。为此,他们始终把眼睛盯着语数外等重要学科,而对于音乐、绘画、体育、劳动、科技等学科漫不经心。实际上,对于孩子的全面发展和成长而言,副科起到至关重要的作用,而且关系到孩子的全面素质提升,也对孩子的发展潜力有很大的影响。

实际上,从专业教育的角度而言,课程并没有主要和次要之分,更没有副科这种说法。在教育的语言体系里,这些所谓的副科都被称为技常课。副科的说法之所以出现，就是因为很多老师和父母都会把要计算分数的课程称为主要课程，而不计算分数的课程自然被归为副科。作为父母要意识到，如今孩子学习的目的绝不仅仅是应付考试，虽然分数依然是如今升学的重要依据，但是对于孩子的成长而言，综合课程更加重要。作为父母，一定要鼓励孩子积极参加课内外的各种活动，也要支持孩子学习更加丰富多彩的课程。

众所周知，身体是革命的本钱，任何人如果没有健康的身体，就无法做好很多的事情。作为父母，要正视体育课程的重要作用，知道孩子一定要有健康的身体，才能在生活中有更好的表现，才能在学习上有良好的身体作为基础。而且，运动也能促进孩子的脑部发育，让孩子的大脑更加灵活，思路更加清晰。现代社会，有很多小学生都是不折不扣的小胖子。因为生活水平的提高，他们摄入了过量的营养，却又因为没有进行足量的体育运动，导致他们的身体里储存着大量脂肪，就连大脑皮层的沟回也会因为脂肪堆积而导致褶皱减少，为此大脑运转的速度大幅度减慢。健康的身体是1，其他的一切都是0。没有1，再多的0也没有意义。

音乐课、美术课，都可以陶冶孩子的情操，增强孩子的艺术能力，让孩子在学习之余，内心更加丰富充实。就连劳动课程，也可以增强孩子的动手能力，让孩子学会劳逸结合。由此可见，每一门所谓的副科都不简单，也不次要，作为父母，一定要支持孩子积极参加各门课程的学习，平日里也要多多引导孩子，激励孩子参加课内外活动。

除了这些校内的课程外，父母还可以帮助孩子选学一种乐器，或者

是让孩子选择一种球类运动作为兴趣爱好。生活原本就很艰难，每个孩子都要有自己的兴趣爱好，这样才能在平淡的生活中精神有所寄托，才能在不断努力进取的过程中，让自己有更加快速的成长和进步。孩子的成长绝不会一蹴而就，而是需要漫长的过程和持久的努力。任何时候，父母都要对孩子付出足够的爱与耐心，要始终坚定不移地陪伴在孩子身边，这样才能成为孩子人生的引导者，给予孩子最大的助力。

第12章
别光顾着教育孩子，也要做好你自己

要想当好父母，就不要对孩子居高临下或者颐指气使，如果父母总是对孩子呼来喝去，是不可能教育好孩子的。正如意大利大名鼎鼎的教育家蒙台梭利所说的，儿童是成人的父亲。其实很多时候，成人看似比孩子成熟，而实际上是丢失了一颗赤诚之心，迷失了本心。为此要想做好父母，首先要做好自己，才能有的放矢地教育孩子，才能在引导孩子成长的过程中，变得更加勇敢坚强，也和孩子一起不断地成长，持续地进步。

父母控制好脾气，教育更有效果

最近这段时间，妈妈发现乐乐的嗓门越来越大，动不动就对妈妈大喊大叫，还常常和妈妈叫板，或者对妈妈不理不睬，对于妈妈所说的话充耳不闻。为此，妈妈非常苦恼，有一次，乐乐当着客人的面顶撞妈妈，妈妈忍不住爆发，狠狠揍了乐乐一顿。结果，原本计划留在家里吃饭的客人马上告辞，弄得妈妈非常尴尬。

后来，妈妈和爸爸说起乐乐的坏脾气，爸爸为妈妈指出："你就不要嫌弃乐乐脾气坏了，你看看你自己就像个炮仗一样，动不动就炸了，从小就总是对乐乐各种训斥、吼叫，孩子就是和你学的。"听到爸爸这句话，妈妈搂不住火，眼看着又要爆发，但是想想爸爸说的话很有道理，她当即偃旗息鼓。

其实爸爸说的很有道理。父母是孩子的老师，孩子是父母的镜子，当发现孩子出现问题的时候，父母第一时间就要反思自身的问题，而不要总是对孩子的成长怀有偏见。父母和孩子朝夕相处，父母的言行举止必然会给孩子带来潜移默化的影响，有的时候，父母丝毫没有意识到自己给孩子带来了负面影响，对孩子依然故我，直到发现孩子有了明显的改变，父母却悔之晚矣。

很多父母都知道教育孩子要心平气和，才能保持理智，才能与孩子更好地沟通和交流，而实际上，一看到孩子无理取闹，或者对父母常常

第 12 章 别光顾着教育孩子，也要做好你自己

顶撞的时候，父母总是搂不住火，马上就火山爆发，对着孩子歇斯底里地喊叫。也有的父母对孩子完全束手无策，只能放弃。不得不说这两种教育方式都很糟糕，前者会导致孩子觉得自己被父母藐视，或者受到侮辱，后者会使得孩子感觉父母根本管不了自己，因而变本加厉。明智的父母深知大喊大叫和放任自流都不是教育孩子的好方式，反而会对孩子造成负面影响，使得孩子与父母之间的隔阂越来越严重。为此，父母要想教育好孩子，首先要控制好自己的脾气，这样才能让教育起到更好的作用。

父母教育孩子，必须掌握正确的方法，否则就会被日渐长大的孩子嘲笑。当听习惯了父母的吼叫声，孩子当然会觉得父母无能，所以才会对他们歇斯底里。常言道，有理不在声高，当父母有足够的信心把孩子教育好，也相信能够真正说服孩子的时候，他们就不会以声音为自己增加勇气。然而，说起来容易做起来难，很多父母都做不到真正尊重和平等对待孩子，也不能耐心地、心平气和地对孩子动之以情，晓之以理。其实，父母只要想到发脾气非但于事无补，反而有可能让事情变得更加糟糕，就可以控制好自己的情绪，也就能够保持内心的平衡状态。当看到孩子犯了严重的错误，心中的怒火一股脑儿地往外冒时，父母一定要学会对孩子冷处理。老司机都知道宁停三分不抢一秒，面对情绪的红灯，父母也要坚持理性，宁停三分，不抢一秒，这样才能控制住自己。也许只要保持几分钟的时间不发怒，接下来的心理状态就会发生改变，从而避免尴尬。

总而言之，对孩子大吼大叫的父母不是强大的父母，无法对孩子

控制住情绪的父母也不是合格的父母。真正明智的父母常怀赤子之心，会更加理性面对孩子犯错误的行为，也会真正理解和包容孩子。作为父母，唯有不断地提升自己，才能给孩子更好的包容和引导，才能保证孩子健康快乐成长。

过度唠叨会引起孩子的反感

最近，乐乐在学校里犯了错误，为了避免发脾气给乐乐带来负面影响，妈妈坚持控制好自己，没有发脾气。但是她始终对于乐乐的错误耿耿于怀，几乎每天都会把错误拿出来说几次，还美其名曰是为了对乐乐警钟长鸣。

一开始，乐乐已经意识到自己的错误，而且向妈妈进行了检讨。然而，眼看着妈妈对于这件事情没完没了，每天都要拿出来说几遍，乐乐的态度有了微妙的变化。对于妈妈的批评和叮咛，他总是不吭声，似乎压根儿没有听到妈妈说话。有一天，妈妈又在对乐乐展开思想教育，乐乐生气地吼了妈妈："烦不烦啊，说个没完没了，把我耳朵都磨出老茧来了。"妈妈也马上火冒三丈："你犯了错误还有理了是吧，还不许别人说。你要是不想被说，就不要犯错误，早知今日，何必当初呢？！"乐乐连早饭都没有吃，就背着书包气鼓鼓地离开了家。乐乐去学校之后，爸爸对妈妈说："你这样每天说，不觉得厌烦吗？孩子已经认识到错误了，你还总是揭开他的疮疤，你能不能尊重孩子呢？如果孩子现在

不知道错，你反复地说也还有点儿道理，但他已经知道错了，你这样说就是在揭短啊。俗话说，打人不打脸，骂人不揭短，你总是这样对待乐乐，难怪他会勃然大怒呢！"爸爸的一番话说得妈妈哑口无言，妈妈无力地为自己辩解："我不也是为了他好么！"爸爸说："你要真为了孩子好，就要选择孩子能够接受的方式，这样才有教育效果，而不是像现在这样事与愿违，还闹得大家都不开心。"

很多人都喜欢看《西游记》，都知道每当孙悟空不听话的时候，唐僧就会念起紧箍咒，结果孙悟空就会头痛欲裂，在地上打滚哀号。其实，在孩子已经认识到错误，也知道自己应该怎么做的情况下，父母还是在唠叨，则无异于是给孩子上了紧箍咒，也会导致孩子头痛欲裂，在地上滚来滚去，呼天喊地。

在很多家庭里，尤其是妈妈，更喜欢唠叨。很多妈妈似乎无法控制自己，情不自禁就唠叨出口了。还有的父母传达的旨意已经被孩子接受了，却因为担心孩子没有领会他们的意思，他们就反复叮咛。从心理学的角度而言，这样很容易激发孩子的逆反心理，使孩子不愿意按照父母的期望去做。合格的父母会知道，父母的嘴巴不要长在孩子身上，这样孩子才会有清净的生活环境。

很多父母唠叨孩子，本意是好的，是希望能够督促孩子，或者以这样的方式缓和地给孩子施加压力。然而，凡事过犹不及，当父母唠叨过火了，孩子就会故意与父母对着干，也会对父母非常厌倦。假如父母总是把孩子的缺点挂在嘴边，非但不能让孩子改正错误、弥补缺点，还会导致孩子变本加厉。为此，父母一定要戒掉唠叨。

从心理学的角度而言，一个人要想让自己的话被别人听在耳朵里，牢牢记在心里，不是要提高声音，也不是要反复唠叨，而是要压低声音，只说一遍。这么做，反而会收到最好的效果。有心理学家经过研究发现，很多父母在唠叨孩子的时候，总是把同样的话说上若干遍，甚至连强调都是一模一样的，面对这样的老生常谈，孩子怎么可能不感到厌烦呢？因此当发现孩子不听话的时候，父母不要把所有的原因都归咎在孩子身上，而是要更加反省自己是否在教育孩子的时候哪些地方做得不够好，做得不到位。当父母意识到自己唠叨的错误，及时改正，相信在教育孩子方面就会起到更好的作用和效果。毋庸置疑，每一个父母都很爱自己的孩子，也希望孩子能够出人头地，但是家庭教育是一门学问，更是一门艺术，父母千万不要以为只凭着重复的唠叨就能把孩子教育好。父母只有站在孩子的立场上为孩子考虑，设身处地为孩子着想，才能更加理解孩子，才能让孩子更愿意与父母沟通和交流。只有在顺畅沟通的基础上，避免父母喋喋不休如同小和尚念经，家庭教育才能事半功倍。

此外，在和孩子沟通的过程中，父母要做到以下几点，从而促进沟通。首先，父母要更多地认可和赏识孩子，而不要总是批评和否定孩子。在孩子犯错误之后，父母要告诉孩子具体应该怎么做，告诉孩子正确的改正做法，而不要总是批评和否定，否则会让孩子一头雾水，根本不知道父母想要表达什么。其次，父母在和孩子沟通的时候，语言要简明扼要，能一句话说清楚的内容，不要喋喋不休说十句，否则就会引起孩子反感。再次，在家庭教育中，父母要学会遗忘，不要总是揪着孩子

的错误不愿意撒手，只要孩子理解和领悟了父母的意思，也愿意改正错误，父母就可以把这一页掀过去。再次，在批评孩子的时候一定要就事论事，对于已经发生的那些事情不要翻出来再次算账，否则就会导致孩子很反感，也会因此而导致孩子的自信心受到打击。最后，在家庭教育中，父母的身教大于言传。这是因为父母每天都和孩子在一起生活，为此他们的言行举止都会对孩子产生潜移默化的影响，当孩子对父母的说教感到厌烦，或者父母自觉说教已经不能起到较好的作用时，不如什么也不说，以身示范，给孩子树立积极的榜样，也会对孩子产生正向的作用。

当然，每个孩子都是独立的生命个体，在成长的过程中，每个孩子也会有不同的表现。作为父母，不要用程式化的方法对待孩子，而是要把孩子作为独立的生命个体去看待，也要对孩子因材施教，争取对孩子的教育达到最好的效果。父母要有心，就会更加深入了解孩子，使对于孩子的教育事半功倍。

世界上没有真正的完美

作为一名音乐老师，爸爸还是很有才华的，为此在儿子出生之后，爸爸就立下伟大的志向，一定要把儿子培养成了不起的音乐家。在儿子才几岁的时候，爸爸就经常播放音乐给儿子听，也会教儿子唱一些民谣。儿子果然对于音乐表现出浓厚的兴趣，而且常常一听到音乐就手舞足蹈。然而，随着儿子不断成长，爸爸对于儿子的要求也越来越高。面

对喜爱音乐的小小年纪的儿子，爸爸就开始教儿子发音的方法，也教儿子如何吐气纳息。渐渐地，儿子越来越不喜欢唱歌，每次爸爸要教他唱歌的时候，他都忙不迭地躲起来，似乎很害怕唱歌。为此，爸爸不止一次批评儿子畏难情绪严重，还认为儿子浪费了作为音乐家的天赋。

有一天，爸爸又在对儿子喋喋不休，作为美术老师的妈妈对爸爸说："你能不能不要苛责孩子。孩子本来是很喜欢唱歌的，但是你总是严格管教他。我看，他现在最喜欢做的事情是绘画。"然而，爸爸丝毫没有意识到自己的错误，依然致力于把儿子培养成了不起的音乐家，结果儿子最终非常讨厌唱歌，而是拿起了画笔，成了一名画家。

在这个事例中，作为音乐老师的爸爸想要打造出一个完美的音乐家儿子，为此总是对孩子过于严格要求，结果无形中给儿子带来了巨大的压力，使得儿子原本对于音乐的喜爱消耗殆尽，最终他真的如同妈妈所说的，选择绘画。

这个世界上，真的有完美吗？所谓完美，就是十全十美，就是无懈可击。战国时期，和氏璧是价值连城的宝物，上面也有微小的瑕疵，由此可见，世界上根本没有绝对的完美，所谓完美，只是人们一厢情愿的憧憬而已。正是因为有不完美的存在，才显得完美弥足可贵，才引得那么多人都不遗余力去追求完美。作为父母，也不要苛求孩子完美，因为父母本身就是不完美的，又如何能够养育出完美的孩子呢？

遗憾的是，现实生活中，很多父母在教育孩子的过程中都会犯一个错误，即觉得自己家的孩子一定是最优秀的、最出类拔萃的，也因此就认为自己家的孩子必须在各个方面都很突出和拔尖。殊不知，父母这样

的想法除了给孩子压力，让孩子不堪重负之外，还有可能让孩子面对父母提出的过高要求选择放弃。所以明智的父母不会苛求孩子，而是会对孩子因材施教，根据孩子自身的条件对孩子因势利导。这样孩子的成长才会更加轻松，也会事半功倍。

每个人的能力都是有限的，孩子的能力更是才处于刚刚发展的阶段，为此孩子很多事情做不到，很多方面做不好，也是情有可原的。父母要学会欣赏孩子，也要努力发掘孩子身上的优点和闪光点，激发孩子的潜能，而不要总是盯着孩子的缺点。孩子还小，自我评价能力发展不足，如果父母总是盯着孩子的缺点去看，则渐渐地孩子就会觉得自己什么都不行，总是否定自己，也就失去了正确的自我认知。此外，父母对待孩子的缺点要区别对待。孩子的有些缺点是天生的，这种情况下，孩子很难弥补自己的缺点，父母也就不要强人所难。相反，如果孩子的缺点是后天形成的，是经过努力可以得到改正的，那么父母则可以督促孩子改正缺点，激励孩子不断提升和完善自我。

古人云，金无足赤，人无完人。在这个世界上，没有百分之百的纯金存在，也没有绝对完美的人存在。孩子在成长的过程中，难免会犯各种各样的错误，作为父母，要更加宽容孩子，接纳孩子的错误。其实，孩子在犯错误的时候自己心中也会感到很沮丧，在这种时候，他们更加需要父母的支持和鼓励，而父母切勿打击孩子的信心。谁不是踩着错误的阶梯一路走到现在呢，即便作为父母，也不能保证自己所做的每一件事情都是正确的，更何况是年幼的孩子呢！为此父母要理解和包容孩子，要给予孩子更多的爱心与耐心，要让孩子在不断犯错的过程中积极

地汲取经验和教训，改正错误，也不断地提升自己，让自己的内心变得更加强大，让自己在各个方面都得到成长。这样一来，孩子才会更加快速成长，才会以积极的心态面对人生，不断突破和超越自我，不断崛起！

传承好家风，以良好的家庭氛围熏陶孩子

什么是家风？所谓家风，就是一个家庭里的风气、氛围，也是一个家庭里大多数成员都表现出来的风度与气节。毋庸置疑，在一个家庭里，所有的家庭成员在一起成长，为此他们的生活习惯有很大的相似性，而且随着相互潜移默化的影响越来越深，他们的思维方式也会出现明显的共同点，甚至各种价值观念也会非常接近。把这些家庭成员在共同生活中相互影响产生的作用力集合在一起，就是家风。如今，每一个企业都有企业精神，每一个家庭也应该有家风，或者是家庭精神，或者是家庭文化。家风总是在不同的家庭成员中呈现出很大的相似性，也覆盖了大多数家庭成员。

众所周知，社会是一个大家庭，而每个小家庭都是社会生活的小细胞。要想让社会和谐稳定，每个家庭就必须和谐稳定，要想让社会腾飞发展，每个家庭就必须繁荣昌盛、欣欣向荣。为此，作为父母在教育孩子的过程中，除了要引导孩子快乐成长，帮助孩子懂得人生的道理之外，还要为孩子营造良好的家庭环境和氛围，让孩子在更加积极的家庭氛围中继承好家风，把家庭的文化和精神发扬光大，代代传承。

第12章 别光顾着教育孩子，也要做好你自己

在三十几年的独生子女政策下，现代社会中家庭单位变得越来越小，这是因为很多家庭只有一个孩子，而且很多年轻人选择和老人分开居住。虽然家庭结构变得精简，但是家风传承不能有丝毫懈怠。记得曾经在网络上看到一句话，父母在人生尚且有来处，父母去人生只剩归途。中华民族有着悠久的历史和文化传承，不管何时，家风传承对于每个人都是至关重要的，也是一个家庭保持稳定和积极向上姿态的根本所在。

说到这里，也许有些读者朋友会纳闷：家风和1~2年级孩子有什么关系呢？当然有关系，而且有密切的关系。孩子在家庭里生活，肯定会受到家庭文化的熏陶，也会受到家庭精神的影响。此外，家风与家庭教育密切相关。细心的朋友会发现，在一个家风严谨的家庭里，家庭教育也是非常严肃认真的，父母对孩子的要求很严格，而且会对孩子提出较高的道德要求。而在一个家风相对松懈的家庭里，家庭教育毫无章法可言，父母教育孩子随心所欲，没有原则，没有底线，导致孩子在接受家庭教育之后，会呈现出家庭的很多特点，如自由散漫，对自己要求太低，对于成长没有更深刻的感悟等。为此父母必须做好家风建设，也把好家风作为最宝贵的财富传承给孩子，孩子才能在家庭教育中不断成长，获得更多的收获，也不断地提升自己，让自己表现得更加优秀。

家风与孩子的成长密切相关，会潜移默化地影响孩子。记得在一首诗里说，随风潜入夜，润物细无声。实际上，好家风也正在对孩子进行无声的教育，对孩子的成长产生全方位的影响。每个新生命从呱呱坠地开始，就在家庭里不断地成长，作为父母，一定要为孩子建造好家风，

才是对孩子的人生真正负责任的态度。当然，良好的家风建设离不开每个家庭成员的努力，父母不但要对孩子高标准严要求，更要对自己提出更高的标准和更严格的要求，而且无论要求孩子做到什么，父母都要首先做到，这样一来，父母才能对孩子言传身教，才能让孩子感受到来自父母的传承力量。

不打不骂才是真的懂教育

封建时代的教育思想认为，父母对孩子严格管教的方式，就是要对孩子打骂，因此自古以来就有棍棒底下出孝子的说法。这些打骂教育的传统思想，给很多父母都带来了负面影响，他们也奉行对子女的打骂教育，每当孩子犯错误的时候，或者对孩子的表现不满意的时候，父母就会批评、训斥孩子，也会因为孩子顶嘴等各种各样的原因，而对孩子"动手动脚"。曾经有一个教育机构去小学里进行调查，面对"你挨过爸爸妈妈的打吗"这个问题，几乎所有的孩子都选择了肯定的回答。为何每个孩子都难逃被父母打骂的厄运呢？由此可见不是因为所有的孩子都表现不好，而是因为父母受到传统教育思想影响太深，觉得老子打儿子是天经地义的事情。

每年到了开家长会的时候，孩子总是胆战心惊。有的孩子因为没有被老师点名表扬而被父母打骂，有的孩子因为被老师点名批评被父母打骂。对于管教孩子这件具有技术性、艺术性和很大难度的事情，很多父

母更是直截了当地说"不打不骂不成才，就是欠揍了"。不得不说，这样的父母永远也不会知道孩子心里在想什么，因为他们的恶言恶语和动手动脚，已经让孩子对他们彻底关闭了心扉。

不容否认，所有的父母都很爱孩子，只可惜有些父母对于孩子的爱表达方式不对，觉得不打不骂不是爱。如今，越来越多的教育者提倡对孩子进行赏识教育，然而很多父母一边奉行赏识孩子，一边依然对孩子动辄打骂，由此使得孩子生活在冰火两重天之中，感到更加痛苦和无奈。

孩子还小，心灵很稚嫩。他们无条件信任和依赖父母，却不明白父母为何对他们动辄打骂。在孩子心中，爱不应该是甜蜜的吗？为何会变得如此苦涩且让他们觉得心惊胆战呢？在软弱无助的孩子面前，父母当然是很强大的。为此，父母对孩子动辄打骂，也就涉嫌恃强凌弱，而父母仗着自己强大，欺负的却是自家的孩子，这让孩子如何理解呢？可想而知，当孩子面对原本和颜悦色却转瞬间凶神恶煞的父母，心里的恐惧一定如同潮水般泛滥。作为父母，最该给予孩子的难道不是安全感吗？

要想当合格的父母，父母们一定要不忘初心。还记得作为妈妈的你第一次知道自己的肚子里住着个小人儿时的心情吗？你很担心，很忐忑，生怕孩子会缺胳膊少腿，也生怕孩子会智力发育不正常。当看到孩子健康出生，你始终悬着的心才放下来。随着孩子一天天长大，看着孩子时常会感冒，会发烧，你最大的心愿就是希望孩子健康快乐，不会受到头疼脑热的困扰。终于有一天，孩子长大了，背上小书包去上学，你对孩子的期望突然变得很高。你希望孩子能够赢在起跑线上，希望孩子

在每个方面都表现良好，却不知道孩子稚嫩的肩膀被沉重的书包压着，已经无法再承受你多给他的压力。作为父母，为何在陪伴孩子成长的过程中渐渐地忘却了初心呢？也正是因为这种遗忘，让父母对孩子有了不切实际的期望，也正是因为这种遗忘，让原本和谐融洽的亲子关系变得紧张。常言道，不忘初心，方得始终，父母始终不要忘记自己养育孩子的目的，那就是让他们得到快乐啊！

《人间世》第二季的某一集里，播放的是那些患上骨肉瘤的孩子。旁白说，看着这些受苦的孩子，如果你有一个健康的孩子，是否要给孩子更多的爱和关注，减轻孩子的压力和沉重的负担，让孩子得到更多的快乐和满足呢？的确。在孩子健康的时候，父母对孩子有无尽的希望，而当有朝一日孩子失去健康，父母就感到懊悔万分。早知道孩子的生命会受到严重的威胁，为何不更多爱孩子一些呢？可惜这个世界上没有卖后悔药的，对于有可能让我们追悔莫及的那些事情，我们只能防患于未然，千万不要等到无法挽回的时候才懊丧万分。

既然教育孩子并非只有打骂这一种方式，作为父母，千万不要忘记了对孩子的爱，何不采取更友好的方式帮助孩子成长，让孩子收获更多的快乐、幸福与满足呢！作为父母必须知道，动辄打骂孩子是一种陋习，也是父母无能的表现。每个父母在家庭教育中都要坚持为孩子营造民主和谐的家庭氛围，这样对孩子的教育才会事半功倍。为了戒掉这种陋习，父母要从思想上对此有深刻的认知，这样才能发自内心地约束和控制自己，才能积极主动去改掉这种陋习。此外，父母要对孩子有更多的耐心，愿意倾听孩子的倾诉，这样才能真正了解孩子的所思所想，对

于孩子的一些言行举止才会有更加包容的态度。每当想要打骂孩子的时候，不如想一想自己小时候被打骂的痛苦经历，每当想要打骂孩子的时候，不如告诉自己"好孩子都是夸出来的"，也许就会以正确的方式对待孩子，也给予孩子更加积极的引导和更加温情的陪伴。

控制好情绪，避免对孩子发脾气

现代社会生存的压力越来越大，职场上的竞争日益激烈，作为父母，既要把工作做好，还要挤出时间和精力来照顾家庭，抚育孩子，更是承受了双倍的压力。每当在工作上遇到困境的时候，每当在生活中遭遇难题的时候，父母难免会感到心力交瘁。在这种情况下，如果孩子还不听话，或者在学习上表现很糟糕，父母一旦不能很好地控制住情绪，就会把负面情绪发泄在孩子身上，导致孩子成为父母的情绪垃圾桶，甚至成为父母的出气筒。

中国人的家庭观念历来很强，每个人都把家庭视为温馨的港湾，希望从家庭生活中得到更多的安慰、支持和鼓励，也得到源源不断的力量。然而，现实生活中，有太多的人因为工作不堪重负，一旦回到家里，就会对家人表现出自己最糟糕的一面，甚至让情绪肆意放纵，各种负面和糟糕的情绪都发泄出来。不得不说，这样把家庭当作情绪垃圾场的做法是很不可取的。因为在家里，都是我们最亲近和最亲密无间的人。尽管生活的节奏越来越快，尽管工作的压力越来越大，尽管大多数

父母觉得自己回到家里的时候都已经筋疲力尽，但是也要想到孩子在学校里进行了一天的紧张学习，他们同样消耗了大量的脑力和体力，同样需要在家庭生活中得到补给，这样次日才能继续精神抖擞地面对学习。因此，父母即使情绪再糟糕，也不要把负面情绪发泄到孩子身上。父母即使再疲惫，也要尽力照顾好孩子的吃喝拉撒，这样才能为孩子营造其乐融融的家庭氛围，让孩子得到更多的精神力量，获得更多的满足。

妈妈在外企工作，每天在上班时都像是一个高速旋转的陀螺一样转个不停，根本停不下来。在回家的路上，妈妈因为体力严重透支，就会觉得自己像一个纸片人一样，整个人都似乎被掏空了，感到很疲惫空虚。幸好家里有姥姥帮忙，妈妈每天回到家里都可以吃上可口的饭菜。但是，姥姥的陪伴和照顾不能代替妈妈，所以意涵在看到妈妈回家之后，总是缠着妈妈和她一起玩。

有一天，意涵看到妈妈回家又缠着妈妈，姥姥好说歹说，意涵才在一旁眼巴巴地等到妈妈吃完饭。妈妈往沙发上一坐，意涵就要和妈妈打球。这一天，妈妈在公司里遇到了一些不愉快的事，不但累，还很焦虑，因而压抑不住情绪，很厌烦地训斥意涵："能不能不要缠着我，我都快累死了，让我休息一会儿，行不行？"意涵看到妈妈这么凶的样子，马上哭起来。姥姥看到意涵委屈地哭着，忍不住对妈妈说："你小时候，可比意涵更缠磨人。我那会儿是滩场上的工人，每天都干重体力活，但是从来没有无缘无故训斥过你。孩子一天都没看到你了，想和你亲近，是爱你，她知道你是她妈妈。你这样，不伤孩子的心吗？"妈妈的眼泪簌簌而下，赶紧向意涵道歉，把意涵拥在怀里。姥姥说："你很

辛苦,压力很大,我都知道,所以尽量帮你做好所有的家务,就是为了让你回到家里轻松一些,能够陪陪孩子。"妈妈知道错了,对姥姥说:"妈,我知道了,我以后不会乱发脾气了。"

很多父母的确很辛苦,白天上班,晚上回家照顾家里。如果家里有老人帮忙还好,如果没有老人帮忙,更是凡事都要靠着自己,难免会觉得筋疲力尽,也会感到心力交瘁。然而即便如此,面对孩子想要陪伴,想要爱的抱抱,父母还是要慷慨给予孩子,也要尽量满足孩子的需求。父母最该给孩子的就是爱与陪伴,当孩子从父母那里得到爱与陪伴,他们才会觉得安全。

明智的父母不管内心多么疲惫和憔悴,都会给予孩子爱的抱抱,也会给予孩子爱的陪伴。

参考文献

[1]木紫. 1~2年级，陪孩子走过小学启蒙关键期[M]. 北京：中国妇女出版社，2018.

[2]郭志刚，巩俊芳. 陪孩子走过小学1~2年级入学关键期[M]. 北京：中国电影出版社，2016.

[3]宋天天. 挫折教育全集——逆商（AQ）决定孩子的命运[M]. 北京：北京工业大学出版社，2015.